Hugo's Simplified System

Greek in
Three Months

Hugo's Language Books Ltd, London

This edition
© 1984 Hugo's Language Books Ltd
All rights reserved
ISBN 0 85285 062 X

Third Impression 1985

Written by

Dr Zannetos Tofallis B.A., M.A., Ph.D., F.I.L.

Greek translator and writer
Lecturer in Modern Greek,
The Mary Ward Centre, London

Set in Times Roman by
Star Graphics Ltd, Cyprus and
printed and bound in England by
Anchor Brendon Limited, Tiptree, Essex

Preface

Of all European languages, Greek has the longest and perhaps the noblest tradition in the western world. Its evolution can be traced from Homer (around 850 B.C.) to the present day. There is less difference between modern demotic Greek and the language that Homer wrote, than between Italian and Latin - or between modern English and Chaucer. Apart from Greece and Cyprus, Greek is spoken in many countries where there are large Greek communities - the USA, Britain, Germany, Australia and Canada, to name but some.

The course you are about to learn is based on the demotic or popular language (not the 'katharevousa' or purist language which was used for official purposes for many years). Recently the Greek government has simplified the language by abolishing two accents - the grave and the circumflex - and both the soft (') and rough (') breathing marks. These were merely decorative remnants of the past, and served no useful purpose at all.

The author, Zannetos Tofallis, has a wide experience in teaching Greek at all levels, and in addition writes and gives lectures on numerous Greek topics. We hope that this course will prove both easy and enjoyable; it has been compiled with you, the student, in mind and is essentially practical. Most people who learn modern Greek do so because they are numbered among the many who go on holiday to Greece each year. By learning this beautiful and exciting language a stay there will become more interesting and you will come to love Greece, the land of hospitality and friendship.

Contents

Introduction

'Greek in Three Months' is designed for the student who wants to teach himself the modern, everyday language. It presents in a methodical way most of the essential grammar, verbs and constructions used, together with conversational pieces, idioms and (at the end of the course) selected reading extracts from Greek literature.

To learn any language properly you should be prepared to work at it regularly, and to persevere. Greek is no exception, and what is more important is that it's no harder than many others. Don't be put off by the 'funny' alphabet! How long did it take you to learn your ABC? Not very long - and remember that you were a child then, with so many other things to learn at the same time. Study the Greek alphabet closely before beginning the lessons, so that you can give from memory the sound and name of every letter (not forgetting the dipthongs and consonant combinations). You'll be surprised how simple everything is, once you are able to recognise a few Greek words in print.

We suggest that you spend an hour each day on the course; if you've more time available, then by all means use it. Read and understand the grammar explained in each numbered section, noting the examples given and committing the verb conjugations or noun declensions to memory. Memorize also the vocabulary lists (test yourself each day on what you learnt previously and write the words down repeatedly). Remember that it is just as important to understand *why* a construction is made the way it is, as to be able to recall it. The written exercises in each lesson will be all the easier if you do this. Another drill which you should do is to pronounce each word *aloud;* this will come quite naturally if you've mastered the sounds thoroughly. Pay particular attention to this, because you don't have a teacher to help you. We produce cassette recordings that cover many of the Greek words and sentences in the book, and will be pleased to send you details

If in an early exercise you come across a verb tense or construction that seems unfamiliar (because it is not explained in detail until Lesson so-and-so), don't worry; some reference to this should be found in the immediately preceding examples.

8

Pronunciation

The Greek language is phonetic - it is pronounced as it is written. That makes it easy to read correctly, once you've learnt the essentials. If you ever learnt Classical Greek and the so-called Erasmian pronunciation, forget it!

Hugo courses in other languages have used a system of imitated pronunciation in which English sound syllables are shown against each key foreign word when it is first given. In this Greek course you'll find a different guide to pronunciation is used. For the first five lessons we have supplied a roman letter transcription of most of the Greek words and sentences; this allows you to see Greek written in a familiar alphabet, but without the distortion that can result from putting it into English sound syllables. It will give you an 'instant' idea of the pronunciation, after you have read the following guide.

Particularly in relation to the transcription, remember that 'dh' (δ) must sound like 'th' in 'this', 'gh' (γ) is a throaty guttural, 'th' (θ) is the same as in 'thin', and 'h' (χ) is like 'ch' in the Scottish 'loch' except before e or i sounds. Take care to roll your r's well, and watch for the accent or stress mark. Above all, see if you can manage without the transcription.

Now that all breathing marks and accents except the acute (´) have been abolished, it's much easier to see where to stress a word. Most Modern Greek words take an acute accent, except the one-syllable words which - with very few exceptions - do not need it. These exceptions are accented so that they can be seen to be different from words with the same spelling but another meaning. Remember to stress the accented syllable; if you stress the wrong one, the meaning of the word could be altered, e.g. ποδιά [podhyá] apron, πόδια [podhyá] feet. The stress in no way alters the pronunciation of the vowels; there are no long or short vowels in Modern Greek, they are all pronounced exactly the same.

The Greek Alphabet

The Greek alphabet has 24 letters, seven vowels and 17 consonants.

Small	Capital	Name	English sound
α	A	alfa	like a in father
β	B	vita	like v in victory
γ	Γ	ghamma	before a, o and u sounds, it is a guttural gh made at the back of the throat; before e and i sounds, like y in yes
δ	Δ	dhelta	like th in this
ε	E	epsilon	like e in end
ζ	Z	zita	like z in zoo
η	H	ita	like i in ink
θ	Θ	thita	like th in theology
ι	I	yota	before a and o sounds, like y in yes, otherwise like i in ink
κ	K	kapa	like k in king, but softer (i.e., unaspirated)
λ	Λ	lamdha	like l in lion
μ	M	mi	like m in mother
ν	N	ni	like n in near
ξ	Ξ	ksi	like x in axe
o	O	omikron	like o in orange
π	Π	pi	like p in Peter, but softer (i.e., unaspirated)
ρ	P	ro	trilled, as pronounced by the French (nonsense) / Italians
σ(ς)	Σ	sighma	like s in sing
τ	T	taf	like t in tea, but softer (i.e., unaspirated)
υ	Y	ipsilon	like i in ink
φ	Φ	fi	like f in friend
χ	X	hi	before e or i sounds like h in hue, otherwise like ch in the Scottish loch.
ψ	Ψ	psi	like ps in lapse
ω	Ω	omegha	like o in orange

Please note that the vowels η (íta) and υ (ípsilon) are pronounced exactly the same, and o (ómikron) and ω (omégha) are also pronounced the same. The alternative sighma (ς) is used only at the end of words. Here are some examples of the pronunciation of Greek letters of the alphabet:

Ανδρέας [Andréas]	Andrew	Άννα ['Anna]	Ann
βιβλίο [vivlío]	book	βάζο [vázo]	vase
γάλα [ghála]	milk	γελώ [yeló]	I laugh
δάσκαλος [dháskalos]	teacher	δώρο [dhóro]	gift
Ελένη [Eléni]	Helen	έχω [ého]	I have
ζώνη [zóni]	belt	Ζέφυρος [Zéfiros]	Zephyr
ήλιος [ílyos]	sun	ήσυχος [ísihos]	quiet
Θεός [Theós]	God	θέλω [thélo]	I want
Ιλιάδα [Ilyádha]	Iliad	ίσως [ísos]	perhaps
Κύπρος [Kípros]	Cyprus	κερί [kerí]	candle
λεμόνι [lemóni]	lemon	Λονδίνο [Londhíno]	London
Μαρία [María]	Mary	μήλο [mílo]	apple
Νίκος [Níkos]	Nick	νερό [neró]	water
ξύλο [ksílo]	wood	ξηρός [kserós]	dry
όμορφος [ómorfos]	handsome	οδηγός [odhighós]	driver
παγωτό [paghotó]	ice-cream	παράθυρο [paráthiro]	window
ροδάκινο [rodhákino]	peach	ρίχνω [ríhno]	I throw
σαλάτα [saláta]	salad	σοκολάτα [sokoláta]	chocolate
ταξίδι [taksídi]	voyage	τέλος [télos]	end
ύστερα [ístera]	later	υπάλληλος [ipálilos]	employee
φαγητό [fayitó]	food	φίλος [fílos]	friend
χαρά [hará]	joy	χέρι [héri]	hand
ψάρι [psári]	fish	ψωμί [psomí]	bread
ώρα [óra]	hour	ώστε [óste]	therefore

Diphthongs or double vowels

A diphthong is two vowels which together make only one sound.
There are eight diphthongs in Greek:

αι is pronounced the same as e, as in αιτία [etía] cause.

οι is pronounced the same as i, as in οικονομία [ikonomía] economy.

ει is pronounced the same as i, as in ειρήνη [iríni] peace.

υι is pronounced the same as i, as in υιοθετώ [iothetó] I adopt a child.

αυ is pronounced either the same as αφ [af], as in αυτός [aftós] he, or like αβ [av] as in αύριο [ávrio] tomorrow.

ευ is pronounced either the same as εφ [ef] as in ευχαριστώ [efharistó] thank you, or like εβ [ev] as in ευλογία [evloyía] eulogy.

ηυ is pronounced either the same as ηφ [if] or like ηβ [iv] - but this combination of letters occurs only rarely.

ου is pronounced like u, as in lute, e.g. **ουρανός** [uranós] sky, or **καρπούζι** [karpúzi] watermelon.

NOTE When two vowels have to be pronounced separately and not as a diphthong, the diaeresis, which resembles the German umlaut, is written above the second vowel, e.g. **μαϊμού** [maimú] monkey, **προϊστάμενος** [proistámenos] supervisor.

Consonant combinations

Two consonants that together make one sound are:

μπ at the beginning of a word = b **μπαίνω** [béno] I enter.
μπ in the middle of a word = mb **λάμπα** [lámba] lamp.
ντ-at the beginning of a word = d **ντροπή** [dropí] shame.
ντ in the middle of a word = nd **έντομο** [éndomo] insect.
γκ at the beginning of a word = g **γκαρσόν** [garsón] waiter.
γκ in the middle of a word = ng **αγκίστρι** [angístri] hook.
γγ like ng as in **άγγελος** [ángelos] angel.
τσ like ts as in **κορίτσι** [korítsi] girl.
τζ like tz as in **τζάμι** [tzámi] window pane.

NOTE A double consonant is pronounced as if it were one, e.g.
Σάββατο [Sávato] Saturday
Ελλάδα [Eládha] Greece
άσσος [ásos] ace
'Ελληνας ['Elinas] Greek

Grammatical terms used in the book

Throughout this book we have used traditional grammatical terms. Readers unfamiliar with any of these should remember that they only serve to describe the way the language is used, and in most cases careful study of the examples will fully illustrate the point. To help you further, some of the most useful terms are explained in the lessons themselves. Others may be defined as follows:

adjective: word giving more information about a noun, e.g. a *red* book.
-possessive adjective: indicates possession, e.g. *his* boot, *our* house.
adverb: word giving more information about an action.
-of time: tells when an action takes place, e.g. he *often* runs.
-of manner: tells how an action takes place, e.g. he often runs *fast*.

-of place: tells where an action takes place, e.g. he often runs *here* fast.

article:
definite: *the*
indefinite: *a, an.*

auxiliary verb: a verb used with another, e.g. she *will* come, she *must* come, she *has* come.

case: there are four cases; nominative (the subject case), genitive (possessive case), accusative (object case), and vocative (used when a person or thing is addressed by name). The dative is no longer used in Modern Greek; its work is done by the genitive.

clause: group of words including a subject and a verb.

-main clause: one that can stand alone, e.g. *I saw her.*

-subordinate clause: one that cannot stand alone, e.g. I saw her *when I was crossing the street.*

comparative: form of adjective used in comparisons. In English it usually ends in *-er,* e.g. Ann is *prettier* than Jane.

conjunction: word that joins one part of a sentence to another, e.g. We went to Greece *and* sailed on the Aegean.

-subordinate conjunction: begins a subordinate clause, e.g. I saw her *when* I was crossing the street.

gender: Greek has three genders of nouns: masculine, feminine and neuter.

infinitive: form of a verb corresponding to English *to go, to ask.* Modern Greek has no infinitive.

interrogative: question form.

irregular verb: one which does not conform to the common pattern of a regular verb.

moods: Greek verbs have three moods; indicative, subjunctive and imperative. There is no optative or infinitive.

number: singular (one), plural (more than one).

past participle: form of verb used in perfect and other past tenses, e.g. I have *slept,* they had *played.*

prefix: addition to front of a word, e.g. *un*friendly.

preposition: word indicating relation of one thing to another, e.g. *over* the river, *with* my mother.

present participle: form of a verb ending in *-ing* in English, e.g. an *interesting* book. -As in the example, it is often used as an adjective.

pronoun: a word that stands in place of a noun. See examples and English equivalents of: personal pronouns, interrogative pronouns, reflexive pronouns, relative pronouns.

reflexive verb: a verb relating to an action done to oneself, e.g. he washed himself, they enjoy themselves.

regular verb: one which conforms to a common pattern.

relative pronoun: word referring to a noun already mentioned, e.g. the girl *who* has read the book *which* I bought.

stem: the part of the verb to which prefixes and endings are added.

subordinate: (see under clause and conjunction).

superlative: form of adjective used in comparisons to indicate the highest degree. In English it often ends in *-st* or *-est,* e.g. the *prettiest* dress.

tenses: there are nine tenses in Modern Greek:

Present - I play or I am playing

Imperfect (or Past Continuous) - I was playing or I used to play

Aorist (or Simple Past) - I played

Future Continuous - I shall be playing

Future Simple - I shall or I will play

Perfect - I have played

Pluperfect (or Past Perfect) - I had played

Future Perfect - I shall have played

Future Past Perfect - I would have played

The most common tenses are the present, the simple future and the simple past.

voice: passive or active.

Lesson 1

1 Nouns: the genders

Greek has three genders: masculine, feminine and neuter. Nouns
are declined according to the group to which they belong. The
group is determined by a noun's gender and its ending. It is not
always possible to tell the gender of a noun from its ending, but it
is possible to tell the gender of a noun from its definite article, so
always learn the definite article of every new word you meet.

The word πόρτα [pórta] (door) is feminine.
The word δρόμος [dhrómos] (street) is masculine.
The word κορίτσι [korítsi] (girl) is neuter.
The word παιδί [pedhí] (child) is neuter.

2 Articles

There are two articles, the definite ('the') and the indefinite ('a',
'an'). In Greek, these change according to the gender of the noun
they refer to (and, as will be explained later, the definite article has
plural forms too).

Definite articles		Indefinite articles	
Masculine ο [o]		ένας [énas]	
Feminine η [i]	the	μία [mía]	a, an, one
Neuter το [to]		ένα [éna]	

Examples

ο μήνας [o mínas] the month   ένας μήνας [énas mínas] a month
η μύτη [i míti] the nose   μία μύτη [mía míti] a nose
το όνομα [to ónoma] the name   ένα όνομα [éna ónoma] a name

The most common groups of nouns are as follows:

a) Masculine words:
ο κήπος [o kípos] the garden
ο μαθητής [o mathitís] the pupil

14

ο πατέρας [o patéras] the father
ο παππούς [o papús] the grandfather
ο καφές [o kafés] the coffee

b) Feminine words:
η μητέρα [i mitéra] the mother
η αδελφή [i adhelfí] the sister

c) Neuter words:
το βιβλίο [to vivlío] the book
το χέρι [to héri] the hand
το χρώμα [to hróma] the colour
το δάσος [to dhásos] the forest

3 Nominative case: singular and plural

Once the endings have been learned, it is easy to change the words into the plural, by simply substituting the endings. The definite article also changes, e.g.

a) Masculine words:

Singular		Plural
ο πατέρας [o patéras]	the father	οι πατέρες [i patéres]
ο δρόμος [o dhrómos]	the street	οι δρόμοι [i dhrómi]
ο καφές [o kafés]	the coffee	οι καφέδες [i kafédhes]
ο παππούς [o papús]	the grandfather	οι παππούδες [i papúdhes]
ο εργάτης [o erghátis]	the worker	οι εργάτες [i erghátes]
ο ψωμάς [o psomás]	the baker	οι ψωμάδες [i psomádhes]
ο νοικοκύρης [o nikokíris]	the landlord	οι νοικοκύρηδες [i nikokíridhes]

b) Feminine words:

Singular		Plural
η μητέρα [i mitéra]	the mother	οι μητέρες [i mitéres] *spelling difference*
η γυναίκα [i yinéka]	the woman or wife	οι γυναίκες [i yinékes]
η αδελφή [i adhelfí]	the sister	οι αδελφές [i adhelfés]
η νίκη [i níki]	the victory	οι νίκες [i níkes]
η πόλη [i póli]	the city	οι πόλεις [i pólis]
η γιαγιά [i yayá]	the grandmother	οι γιαγιάδες [i yayádhes]
η αλεπού [i alepú]	the fox	οι αλεπούδες [i alepúdhes]

16

c) Neuter words:

Singular			Plural
το παιδί [to pedhí]	the child		τα παιδιά [ta pedhyá]
το λεμόνι [to lemóni]	the lemon		τα λεμόνια [ta lemónia]
το κορίτσι [to korítsi]	the girl		τα κορίτσια [ta korítsia]
το βιβλίο [to vivlío]	the book		τα βιβλία [ta vivlía]
το μήλο [to mílo]	the apple		τα μήλα [ta míla]
το χρώμα [to hróma]	the colour		τα χρώματα [ta hrómata]
το όνομα [to ónoma]	the name		τα ονόματα [ta onómata]
το δάσος [to dhásos]	the forest		τα δάση [ta dhási]
το βάθος [to váthos]	the depth		τα βάθη [ta váthi]
το δέμα [to dhéma]	the parcel		τα δέματα [ta dhémata]
το γράμμα [to ghráma]	the letter		τα γράμματα [ta ghrámata]

Vocabulary

ο [o] οι [ι]	the *(m)*
η [i] οι [ι]	the *(f)*
το [to] τα [τα]	the *(n)*
ένας [énas]	a, an, one *(m)*
ένα [éna]	a, an, one *(n)* μία (f)
ο/ένας άνθρωπος [o/énas ánthropos]	the/a man
η/μία γυναίκα [i/mía yinéka]	the/a woman
ο/ένας δρόμος [o/énas dhrómos]	the/a street
το/ένα κορίτσι [to/éna korítsi]	the/a girl
το/ένα λεμόνι [to/éna lemóni]	the/a lemon
το/ένα μάτι [to/éna máti]	the/an eye
το/ένα μήλο [to/éna mílo]	the/a apple
ο/ένας μήνας [o/énas mínas]	the/a month
η/μία μητέρα [i/mía mitéra]	the/a mother
το/ένα όνομα [to/éna ónoma]	the/a name
το/ένα παιδί [to/éna pedhí]	the/a child
ο/ένας πατέρας [o/énas patéras]	the/a father
η/μία πόρτα [i/mía pórta]	the/a door

Exercises

1 *Translate into English:*

ο άνθρωπος, ένα κορίτσι, η μητέρα, ένας πατέρας, το μάτι,
ο δρόμος, μία πόρτα, ένα λεμόνι, το μήλο, μία γυναίκα.

2 *Translate into Greek:*
a man, the girl, a woman, an apple, the month, a nose, a name, the father, the mother, one street.

3 *Give the plural of:*
ο πατέρας, ο δρόμος, ο εργάτης, η μητέρα, η αδελφή, η γυναίκα, το παιδί, το μήλο, το όνομα, το κορίτσι.

4 Conjugation of the verb είμαι 'I am'

(εγώ) είμαι [eghó íme]	I am
(εσύ) είσαι [esí íse]	you are
(αυτός) είναι [aftós íne]	he is
(αυτή) είναι [aftí íne]	she is
(αυτό) είναι [aftó íne]	it is
(εμείς) είμαστε [emís ímaste]	we are
(εσείς) είστε [esís íste]	you are
(αυτοί) είναι [aftí íne]	they are *(m)*
(αυτές) είναι [aftés íne]	they are *(f)*
(αυτά) είναι [aftá íne]	they are *(n)*

5 Conjugation of the verb έχω ' I have '

(εγώ) έχω [eghó ého]	I have
(εσύ) έχεις [esí éhis]	you have
(αυτός) έχει [aftós éhi]	he has
(αυτή) έχει [aftí éhi]	she has
(αυτό) έχει [aftó éhi]	it has
(εμείς) έχουμε [emís éhume]	we have
(εσείς) έχετε [esís éhete]	you have
(αυτοί) έχουν [aftí éhun]	they have, αυτές αυτά

NOTE In both verbs the personal pronoun is used only to give emphasis. The different endings give the persons of the verb.

The interrogative form is made by putting the question mark (;) at the end of the verb, the negative form by adding the negative participle δεν [dhen] in front of the verb, e.g.

| έχω; | have I? | δέν έχω | I have not |
| έχεις; | have you? | δέν έχεις | you have not |

18

Vocabulary

το αγόρι [to aghóri]	the boy
και [ke]	and
μόνο [móno]	only
όμως [ómoss]	but = however
το τετράδιο [to tetrádhyo]	the notebook
τί; [tí]	what?
τρία [tría]	three

READING SENTENCES:
The following sentences should be read aloud so that you can practise speaking as well as reading Greek.

Έχω ένα βιβλίο.
[Ého éna vivlío] I have a book.
Εσύ έχεις δύο βιβλία.
[Esí éhis dhío vivlía] You have two books.
Ο Γιώργος έχει τρία βιβλία.
[O Yórghos éhi tría vivlía] George has three books.
Εμείς έχουμε πολλά τετράδια.
[Emís éhume polá tetrádhya] We have many notebooks.
Εσείς έχετε πολλά κόκκινα μολύβια.
[Esís éhete polá kókina molívya] You have many red pencils.
Αυτοί έχουν δέκα άσπρα τετράδια.
[Aftí éhun dhéka áspra tetrádhya] They have ten white notebooks.
Ο Γιάννης έχει ένα μήλο.
[O Yánis éhi éna mílo] John has an apple.
Η Μαρία έχει μία κότα.
[I María éhi mía kóta] Mary has a chicken.
Ο Νίκος έχει ένα τετράδιο.
[O Níkos éhi éna tetrádhio] Nick has a notebook.

Lesson 2

6 Adjectives

Adjectives describe nouns. Thus, in the sentence: 'The garden is beautiful', the adjective 'beautiful' tells us something about the noun ('the garden'). Adjectives are used in Greek in exactly the same way as they are used in English, and one can either say: (a) 'The garden is beautiful' or (b) 'The beautiful garden', meaning, of course, exactly the same thing.

In Greek many adjectives have the same endings as nouns. It is essential that when the noun is a masculine word the adjective should also be masculine. Greek adjectives in the plural are, in most instances, exactly the same as the plural of nouns. Study those given below:

Masculine adjectives
Singular
ο καλός πατέρας [o kalós patéras] the good father
ο ωραίος κήπος [o oréos kípos] the beautiful garden
ο μαύρος σκύλος [o mávros skílos] the black dog

Plural
οι καλοί πατέρες [i kalí patéres] the good fathers
οι ωραίοι κήποι [i oréi kípi] the beautiful gardens
οι μαύροι σκύλοι [i mávri skíli] the black dogs

Feminine adjectives
Singular
η καλή μητέρα [i kalí mitéra] the good mother
η ωραία γυναίκα [i oréa yinéka] the beautiful woman
η ξανθή αδελφή [i ksanthí adhelfí] the blonde sister

Plural
οι καλές μητέρες [i kalés mitéres] the good mothers
οι ωραίες γυναίκες [i orées yinékes] the beautiful women
οι ξανθές αδελφές [i ksanthés adhelfés] the blonde sisters

Neuter adjectives
Singular
το καλό βιβλίο [to kaló vivlío] the good book
το ωραίο παιδί [to oréo pedhí] the beautiful child
το πράσινο δάσος [to prásino dhásos] the green forest
το εύκολο μάθημα [to éfkolo máthima] the easy lesson
Plural
τα καλά βιβλία [ta kalá vivlía] the good books
τα ωραία παιδιά [ta oréa pedhyá] the beautiful children
τα πράσινα δάση [ta prásina dhási] the green forests
τα εύκολα μαθήματα [ta éfkola mathímata] the easy lessons

Vocabulary

ακριβός [akrivós]	dear, expensive
το βιβλίο [to vivlío]	book
ο γέρος [o yéros]	old man
ο γιατρός [o yatrós]	doctor
το εστιατόριο [to estyatório]	restaurant
ο εργάτης [o erghátis]	worker
η θάλασσα [i thálasa]	sea
κόκκινο [kókino]	red
η κοπέλα [i kopéla]	girl
ο μαθητής [o mathitís]	pupil
μελαχρινός [melahrinós]	brunette
ο νέος [o néos]	youngster
η ξανθή [i ksanthí]	blonde
όμορφη [ómorfi]	beautiful
το ξενοδοχείο [to ksenodhohío]	hotel
παχουλός/ή/ό [pahulós/í/ó]	fat (adj.)
η τραγουδίστρια [i traghudhístria]	singer
ο χτίστης [o htístis]	builder

Exercises

4 *Change the following sentences into the plural:*
1 Ο μαθητής είναι έξυπνος [O mathitís íne éksipnos].
2 Η κοπέλα είναι όμορφη [I kopéla íne ómorfi].
3 Το βιβλίο είναι κόκκινο [To vivlío íne kókino].
4 Ο γέρος είναι καλός [O yéros íne kalós].
5 Ο νέος είναι στήν ταβέρνα [O néos íne stín tavérna].

6 Ο εργάτης είναι στο σπίτι [O erghátis íne sto spíti].

7 Ο χτίστης είναι ψηλός [O chtístis íne psilós].

8 Ο γιατρός είναι ακριβός [O yatrós íne akrinós].

9 Η τραγουδίστρια είναι ξανθή [I traghudhístria íne ksanthí].

10 Το ξενοδοχείο είναι μεγάλο [To ksenodhohío íne megálo].

5 *Change the following sentences into the singular:*

1 Οι μαθητές είναι μικροί [I mathités íne mikrí].

2 Οι γυναίκες είναι εργατικές [I yinékes íne erghatikés].

3 Τα παιδιά είναι στη θάλασσα [Ta pedhyá íne stin thálasa].

4 Τα ξενοδοχεία είναι γεμάτα [Ta ksenodhohía íne yemáta].

5 Οι κοπέλες είναι μελαχρινές [I kopéles íne melahrinés].

6 Οι Αγγλίδες είναι ξανθές [I Angglídhes íne ksanthés].

7 Τα εστιατόρια είναι φτηνά [Ta estyatória íne ftiná].

8 Οι δάσκαλοι είναι ευγενικοί [I dháskali íne evyenikî].

9 Αυτές οι γυναίκες είναι παχουλές [Aftés i yinékes íne pahulés].

10 Αυτά τα βιβλία είναι κόκκινα [Aftá ta vivlía íne kókina].

Lesson 3

7 Pronouns

a) Personal pronouns
The personal pronouns used as subjects of verbs are:

εγώ [eghó]	I	εμείς [emís]	we
εσύ [esí]	you	εσείς [esís]	you
αυτός [aftós]	he	αυτοί [aftí]	they *(m)*
αυτή [aftí]	she	αυτές [aftés]	they *(f)*
αυτό [aftó]	it	αυτά [aftá]	they *(n)*

Pronouns with the 'accusative' article:

3rd
pers acu
sg pers pron

	Singular	*Plural*
Masculine:	τον [ton] him	τους [tus] them
Feminine:	την [tin] her	τις [tis] them
Neuter:	το [to] it	τα [ta] them (same as neut def article)

Examples

*τον είδα [ton ídha] I saw him
*την είδα [tin ídha] I saw her
το είδα [to ídha] I saw it
τους είδα [tous ídha] I saw them
τις είδα [tis ídha] I saw them
τα είδα [ta ídha] I saw them

Τον είδα στην ταβέρνα [ton idha stin tavérna] I saw him in the taverna
Την είδα στο σχολείο [tin idha sto scholío] I saw her at school
Το είδα στο δρόμο [to idha sto dhrómo] I saw it in the street
*The 'ν' of the accusative is dropped when the following word begins with a strong consonant, like β, γ, δ, ζ, θ, λ, μ, ν, ρ, σ, φ, χ.

NOTE Both the past and the present of tenses are used from now on; a full explanation of the past can be found in lesson 9, and of the present in lesson 6.

Further examples with different verbs:
στέλλω [stéllo] I send
τον στέλλω [ton stéllo] I send him
τον στέλλεις [ton stéllis] you send him
τον στέλλει [ton stélli] he/she/it sends him
τον στέλλουμε [ton stélloume] we send him
τον στέλλετε [ton stéllete] you send him
τον στέλλουν [ton stélloun] they send him
αγαπώ [aghapó] I love
την αγαπώ [tin aghapó] I love her
την αγαπάς [tin aghapás] you love her
την αγαπά [tin aghapá] he/she/it loves her
την αγαπάμε [tin aghapáme] we love her
την αγαπάτε [tin aghapáte] you love her
την αγαπούν [tin aghapún] they love her

έφαγα [éfagha] I ate
το έφαγα [to éfagha] I ate it
το έφαγες [to éfayes] you ate it
το έφαγε [to éfaye] he/she/it ate it
το φάγαμε [to fághame] we ate it
το φάγατε [to fághate] you ate it
το έφαγαν [to éfaghan] they ate it

Τον στέλλει στο σχολείο [Ton stélli sto scholío] He sends him to
school
Τον στέλλουμε στην Ελλάδα [Ton stéllume stin Eládha] We send
him to Greece
Την αγαπώ πολύ [Tin aghapó polí] I love her very much
Την αγαπούν όλοι οι συγγενείς [Tin aghapún óli i singenís] All the
relatives love her
Το έφαγε στην ταβέρνα [To éfaye stin tavérna] He/she/it ate at the
taverna
Το έφαγαν και έφυγαν [To éfaghan ke éfighan] They ate it and left

Pronouns with the 'genitive' article:
With some verbs we use the genitive article instead of the accusative.
These are the object pronouns:

του [tu] him   της [tis] her

24

Examples

του είπα [tu ípa] I told him
του είπες [tu ípes] you told him
του είπε [tu ípe] he/she told him
του είπαμε [tu ípame] we told him
του είπατε [tu ípate] you told him
του είπαν [tu ípan] they told him

της μίλησα [tis mílisa] I spoke to her
της μίλησες [tis mílises] you spoke to her
της μίλησε [tis mílise] he/she spoke to her
της μιλήσαμε [tis mílísame] we spoke to her
της μιλήσατε [tis mílísate] you spoke to her
της μίλησαν [tis mílisan] they spoke to her

NOTE For the plural we use the accusative article, not the genitive, e.g.

τους είπα [tus ípa] I told them
τους μίλησα [tus mílisa] I spoke to them

Other pronouns C A S E ? Genitive
μου [mu] me
σου [su] you
του [tu] him
της [tis] her
του [tu] it
μας [mas] us
σας [sas] you
τους [tus] them

Examples

Μου έστειλε γράμμα [Mu éstile ghrámma] She sent me a letter
Σου τηλεφώνησα [Su tilefónisa] I phoned you
Του 'έγραψα [Tu éghrapsa] I wrote to him
Της εξήγησα [Tis exígisa] I explained to her
Μας φιλοξένησαν [Mas filoxénisan] They offered us hospitality
Σας ψώνισαν [Sas psónisan] They shopped for you
Τους αγόρασαν κάρτες [Tus aghórasan kártes] They bought them cards

Vocabulary

η αγορά [i aghorá]	market
η ακτή/η παραλία [i aktí/i paralía]	beach; coast
το δώρο [to dhóro]	present ιe, qι H
επισκέφτομαι [episkéftome]	I visit
η επίσκεψη [i epískepsi]	the visit
εξηγώ [exigó]	I explain
το καμπαρέ [to kabaré]	cabaret
η κάρτα [i kárta]	card
κερνώ [kernó]	I treat
το κολύμπι [to kolímbi]	swim
η κούκλα [i kúkla]	doll
το νησί/η νήσος [to nisí/i nísos]	island
ξοδεύω [ksodhévo]	I spend
συναντώ [sinandó]	I meet
χαίρομαι [hérome]	to be pleased
τα Χριστούγεννα [ta hristúyena]	Christmas
το χωριό [to horyó]	village
ψωνίζω [psonízo]	I shop

Exercises

6 Translate into English:
1 Μου τηλεφώνησε την Τετάρτη το βράδυ.
2 Μου έγραψε από τη Θεσσαλονίκη.
3 Μας ψώνισαν ρούχα και φαγητά.
4 Τους αγοράσαμε κούκλες και άλλα δώρα.
5 Τους είδα στο γραφείο μου χτες.
6 Τους εξήγησα το μάθημα.
7 Της διάβασα την εφημερίδα το πρωί.
8 Ξόδεψε όλα τα λεφτά του στην ταβέρνα.
9 Τους κέρασα όλους στο καφενείο.
10 Τη συνάντησα στο κολλέγιο.

7 Translate into Greek:
1 I saw him at the market.
2 He saw me at the taverna.
3 We saw them at the cabaret.
4 He told us not to visit that village.
5 He kissed us all.
6 She told him to come back.
7 We bought (for) them very nice presents.
8 I took them in my car to the beach.
9 You wrote to her.
10 I gave her a nice present.

b) Possessive pronouns

Possessive pronouns are those which indicate possession, e.g. *my* book, *your* pen, *his* house, etc. Whereas in English the pronouns go before the nouns, in Greek, they go after the noun.

The pronouns are:

μου [mu]   my
σου [su]   your
του [tu]   his
της [tis]   her
του [tu]   its

μας [mas]   our
σας [sas]   your
τους [tous] their

Examples:

το σπίτι μου [to spíti mu] my house
το σπίτι σου [to spíti su] your house
το σπίτι του [to spíti tu] his house
το σπίτι της [to spíti tis] her house
το σπίτι μας [to spíti mas] our house
το σπίτι σας [to spíti sas] your house
το σπίτι τους [to spíti tous] their house

ο φίλος μου [o fílos mu] my friend
ο φίλος σου [o fílos su] your friend
ο φίλος του [o fílos tu] his friend
ο φίλος της [o fílos tis] her friend
ο φίλος μας [o fílos mas] our friend
ο φίλος σας [o fílos sas] your friend
ο φίλος τους [o fílos tus] their friend

Vocabulary

άσπρος/η/ο [áspros/i/o]	white
γαλάζιος/α/ο [ghalázios/a/o]	blue *or*
μπλέ [blé]	blue
η γραβάτα [i ghraváta]	tie
το γραφείο [to ghrafío]	office
γκρίζος/α/ο [grízos/a/o]	grey
οι κάλτσες [i káltses]	socks (stockings)
καφετής/ιά/ί [kafetís/iá/í]	brown *or*
καφέ [kafé]	brown

κίτρινος/η/ο [kítrinos/i/o]	yellow
κόκκινος/η/ο [kókinos/i/o]	red
τα λεφτά [ta leftá]	money
τα μαλλιά [ta maliá]	hair
το μαντήλι [to mantíli]	handkerchief
μαύρος/η/ο [mávros/i/o]	black
νάυλον [nýlon]	nylon
νόστιμος/η/ο [nóstimos/i/o]	delicious
το παντελόνι [to pantelóni]	trousers
τα παπούτσια [ta papútsia]	shoes
η πέννα [i pénna]	pen
το πορτοκαλί [to portokalí]	orange (colour)
το πουκάμισο [to pukámiso]	shirt
πράσινος/η/ο [prásinos/i/o]	green
το ρόζ [to róz]	pink
το σακάκι/η ζακέτα [to sakáki/i zakéta]	jacket
η σαλάτα [i saláta]	salad
το τραπέζι [to trapézi]	table
το φόρεμα [to fórema]	dress
το φαγητό [to faghitó]	meal

8 Translate into English:
1 Η γραβάτα μου είναι κόκκινη.
2 Το παντελόνι του είναι γκρίζο.
3 Το πουκάμισό μου είναι άσπρο.
4 Η σαλάτα μας είναι ωραία.
5 Το φαγητό τους είναι ωραίο.
6 Το μαντήλι είναι άσπρο.
7 Τα μαλλιά του είναι μαύρα.
8 Οι κάλτσες της είναι νάυλον.
9 Τα λεφτά του είναι αγγλικά.
10 Τα μαλλιά μας είναι γκρίζα.
11 Τα παπούτσια μας είναι μαύρα.
12 Οι πέννες τους είναι κόκκινες.
13 Το φαγητό τους και η σαλάτα τους.
14 Το τραπέζι είναι ωραίο.

9 Translate into Greek:
1 My shoes are black.
2 Your hair and your eyes are black.
3 Her mother is Greek.
4 The sea is blue and the car is red.
5 The tavern has wine and beer.
6 Her dress is red and is beautiful.
7 Greek salad is delicious.

8 Our shirts are white and our ties are red.
9 Their cars are black.
10 Athens is very beautiful.
11 Daphne has beautiful hair.
12 Her hair is blonde.
13 His eyes are black.
14 Our hair and our eyes are black.
15 His friend is Nikos and my friend is Daphne.

c) Reflexive pronouns
These decline like adjectives; they change according to whether the noun they belong to is in the nominative, genitive or accusative case, and whether it is singular or plural.

	myself	yourself	him/herself
Nom. s.	ο εαυτός μου	ο εαυτός σου	ο εαυτός του/της
Gen. s.	του εαυτού μου	του εαυτού σου	του εαυτού του/της
Acc. s.	τον εαυτό μου	τον εαυτό σου	τον εαυτό του/της
Nom. pl.	οι εαυτοί μας	οι εαυτοί σας	οι εαυτοί τους
Gen. pl.	των εαυτών μας	των εαυτών σας	των εαυτών τους
Acc. pl.	τους εαυτούς μας	τους εαυτούς σας	τους εαυτούς τους

d) Demonstrative pronouns
αυτός, αυτή, αυτό [aftós, aftí, aftó] this
εκείνος, εκείνη, εκείνο [ekínos, ekíni, ekíno] that
τούτος, τούτη, τούτο [tútos, túti, túto] this
τέτοιος, τέτοια, τέτοιο [tétyos, tétya, tétyo] such
τόσος, τόση, τόσο [tósos, tósi, tóso] so much

e) Relative pronouns
που [pu] who, which, what
ο οποίος, η οποία, το οποίο [o opíos, i opía, to opoío] who, which
όποιος, όποια, όποιο [óryos, órya, óryo] whoever
ότι [óti] what, the thing which
όσος, όση, όσο [ósos, ósi, óso] as much as

που is used in the place of ο οποίος, η οποία, το οποίο as a masculine, feminine or neuter in the singular or plural number.

f) Interrogative pronouns
The interrogative pronouns are:
τί; [tí] what?
ποιός, ποιά, ποιό; [pyós, pyá, pyó] who?
πόσος, πόση, πόσο; [pósos, pósi, póso] how much?

g) Indefinite pronouns

Indefinite pronouns are declined, except κάθε and τάδε.

ένας, μία, ένα [énas, mía, éna] one, a, an
κανένας, καμμία, κανένα [kanénas, kamía, kanéna] no one, none
κάποιος, κάποια, κάποιο [kápyos, kápya, kápyo] someone
μερικοί, μερικές, μερικά [merikí, merikés, meriká] some (plural)
καθένας, καθεμιά, καθένα [kathénas, kathemyá, kathéna]
κάθε [káthe] everyone, each
άλλος, άλλη, άλλο [álos, áli, álo] other, another
ο τάδε, η τάδε, το τάδε [o tádhe, i tádhe, to tádhe] so and so
κάμποσος, κάμποση, κάμποσο [kámbosos, kámbosi, kámboso]
enough, several

Lesson 4

In Greek there are four cases: nominative (or subject case), genitive (or possessor's case), accusative (or object case) and vocative (or caller's case). New words are given in their nominative form.

8 The genitive case

The genitive case indicates possession as in the examples 'The flowers of the garden', 'The watch of the man' etc. Whereas in English we use either an apostrophe ('the man's...') or the one word ('of'), in Greek the possessor noun is given a different ending according to whether it is singular or plural, *and* the definite article changes from its nominative form into a genitive one (again, differing according to number). The following examples will illustrate this:

Masculine words
Singular
ο κήπος the garden   του κήπου of the garden
ο πατέρας the father   του πατέρα of the father
ο μαθητής the pupil   του μαθητή of the pupil

Plural
οι κήποι the gardens   των κήπων of the gardens
οι πατέρες the fathers   των πατέρων of the fathers
οι μαθητές the pupils   των μαθητών of the pupils

Feminine words
Singular
η μητέρα the mother   της μητέρας of the mother
η αδελφή the sister   της αδελφής of the sister

Plural
οι μητέρες the mothers   των μητέρων of the mothers
οι αδελφές the sisters   των αδελφών of the sisters

Neuter words
Singular
το παιδί the child   του παιδιού of the child
το βιβλίο the book   του βιβλίου of the book
το χρώμα the colour   του χρώματος of the colour
το δάσος the forest   του δάσους of the forest

Plural
τα παιδιά the children   των παιδιών of the children
τα βιβλία the books   των βιβλίων of the books
τα χρώματα the colours   των χρωμάτων of the colours
τα δάση the forests   των δασών of the forests

Examples in the singular: Note that the Greek construction must take the form of 'the — *of the* — ', while the English translation can use the apostrophe to denote possession.

Τα λουλούδια του κήπου [Ta lulúdhya tu kípu] The garden's flowers
Το καπέλο του πατέρα [To kapélo tu patéra] The father's hat
Το βιβλίο του μαθητή [To vivlío tu mathití] The pupil's book
Τα μάτια της μητέρας [Ta mátya tis mitéras] The mother's eyes
Η τσάντα της αδελφής [I tsánda tis adhelfís] The sister's handbag
Τα μαλλιά του παιδιού [Ta malyá tu pedhiú] The child's hair
Η εικόνα του βιβλίου [I ikóna tu vivlíou] The book's picture
Τα δέντρα του δάσους [Ta dhéntra tu dhásous] The forest's trees

Examples in the plural

Τα λουλούδια των κήπων The gardens' flowers
Τα καπέλα των πατέρων The fathers' hats
Τα βιβλία των μαθητών The pupils' books
Τα μάτια των μητέρων The mothers' eyes
Οι τσάντες των γυναικών The women's handbags
Τα μαλλιά των παιδιών The children's hair
Οι εικόνες των βιβλίων The books' pictures
Τα δέντρα των δασών The forests' trees

Vocabulary

τα αγγούρια [ta anghúrya]   cucumbers
το αρνάκι [to arnáki]   lamb
τα αχλάδια [ta akhládhya]   pears
το βοδινό [to vodhinó]   beef

το βούτυρο [to vútiro]	butter
τα καρότα [ta karóta]	carrots
η κουζίνα [i kouzína]	kitchen
τα λεμόνια [ta lemónya]	lemons
το κρέας [to kréas]	meat
το μανάβη [to manávi]	greengrocer
το μαχαίρι [to mahéri]	knife
τα μήλα [ta míla]	apples
το μοσχαρίσιο [to mosharísio]	veal
το μπακάλη [to bakáli]	grocer
οι μπανάνες [i banánes]	bananas
τα μπιζέλια [ta bizélya]	peas
το νερό [to neró]	water
οι ντομάτες [i domátes]	tomatoes
οι πατάτες [i patátes]	potatoes
τα πορτοκάλια [ta portokálya]	oranges
τα σταφύλια [ta stafílya]	grapes
το τυρί [to tirí]	cheese
τα φασόλια [ta fasólya]	beans
το χοιρινό [to hirinó]	pork

Exercises

10 *Translate into English:*

1 Τα μήλα του μανάβη είναι κόκκινα.
2 Οι ντομάτες της Κύπρου είναι μεγάλες.
3 Το βούτυρο της Νέας Ζηλανδίας είναι ωραίο.
4 Τα πορτοκάλια της Κύπρου είναι νόστιμα.
5 Τα σταφύλια είναι άσπρα.
6 Οι μπανάνες είναι κίτρινες.
7 Τα αχλάδια είναι πράσινα.
8 Το τυρί της Ελλάδας είναι καλό.
9 Τα αγγούρια είναι πράσινα.
10 Τα ψάρια της ταβέρνας είναι ωραία.

11 *Translate into Greek:*

1 The greengrocer's potatoes.
2 The taverna's wine.
3 Nicos' friend.
4 Maria's mother.
5 Yannis' sister.
6 The kitchen table is white.
7 Mario's friend is Greek.
8 Helen's friend is English.
9 The lesson of the class is Greek.
10 The sea of Greece is blue.

11 The weather of Cyprus is hot.
12 The grapes of Cyprus are wonderful.
13 The greengrocer's apples are green.
14 The grocer's cheese is expensive.
15 Petros' cigarettes are Greek.
16 The cigarettes of the Greeks are cheap.
17 The children's shoes are black.
18 Retsina is the wine of the Greeks.
19 The taverna is the pub of the Greeks.
20 The cards are of Greece.

Common phrases: read these aloud as you are learning them.

Καλημέρα σας [Kaliméra sas] Good morning (*lit.*Good morning to you)
Καλησπέρα σας [Kalispéra sas] Good evening, good afternoon
Καληνύχτα σας [Kaliníhta sas] Good night
Γεια σας/Χαίρετε [Ya sas/hérete] Hello! (This is the common, casual greeting; *hérete* is often used to say 'goodbye' as well.)
Τί κάνετε; [Ti kánete] How do you do?
Πώς είστε; [Pos íste] How are you doing? How are you?
Πώς αισθάνεστε; [Pos estháneste] How do you feel?
Από πού είστε; [Apó pou íste] Where do you come from? (*lit.* where are you from?)
Από πού έρχεστε; [Apo pou érheste] Where do you come from?
Πού μένετε; [Pou ménete] Where do you live (stay)?
Πού ζείτε; [Pou zíte] Where do you live?
΄Εχετε οικογένεια; [΄Ehete ikoyénia] Do you have a family?
Πού είναι η οικογένειά σας; [Pou íne i ikoyéniá sas] Where is your family?
Πόσων χρονών είστε; [Póson hronón íste] How old are you?
Πού πηγαίνετε; [Pou piyénete] Where are you going? Where do you go?
Είστε παντρεμένος/η; [Iste pandreménos/i] Are you married?
Είστε ελεύθερος/η; [Iste eléftheros/i] Are you single?
Σας αρέσει εδώ; [Sas arési edhó] Do you like it here?
Πόσον καιρό είστε εδώ; [Póson keró íste edhó] How long have you been here?
Θέλετε κάτι; [Thélete kati] Do you want something?
Τί προτιμάτε, παρακαλώ; [Ti protimáte, parakaló] What do you prefer, please?
Τί πίνετε; [Ti pínete] What do you drink?
Θέλετε ένα ποτήρι νερό; [Thélete éna potíri neró] Do you want a glass of water?

34

'Η θέλετε γάλα; [I thélete ghála] Or do you want milk?
Μήπως θέλετε μπύρα; [Mípos thélete bíra] Perhaps you want some beer?
Σε ποιό ξενοδοχείο μένετε; [Se pyó ksenodhohío ménete] At which hotel do you stay?
Που είναι το ξενοδοχείο σας; [Pou íne to ksenodhohío sas] Where is your hotel?
Σας αρέσει ο καιρός σήμερα; [Sas arési o kerós símera] Do you like the weather today?
Σας αρέσει το κολύμπι; [Sas arési to kolímbi] Do you like swimming?
Πρώτη φορά έρχεστε εδώ; [Próti forá érheste edhó] Are you here for the first time? (Do you come here for the first time?)
Πώς ήρθατε; Με αεροπλάνο, με πλοίο, ή με αυτοκίνητο; [Pos írthate? Me aeropláno, me plío, i me aftokínito] How did you come, by plane, boat or car?
Δουλεύετε εδώ; [Dhulévete edhó] Do you work here?

12 Answer the following questions in Greek:
1 Πώς είστε;
2 Πώς αισθάνεστε;
3 Από πού έρχεστε;
4 Πού μένετε;
5 'Εχετε οικογένεια;
6 Είστε παντρεμένος (παντρεμένη);
7 Πώς τον λένε τόν πατέρα και τη μητέρα σας;
8 'Εχετε παιδιά;
9 Τί ποτό σας αρέσει;
10 Σας αρέσει ο καιρός σήμερα;
11 Σας αρέσει να διαβάζετε βιβλία;
12 Τί παιχνίδια σας αρέσουν;
13 Ζήσατε ποτέ στην Ελλάδα;
14 Πού ζείτε τώρα;
15 Πού ζεί η οικογένειά σας;   No accent mark on ζει.
16 Σας αρέσει το κολύμπι;

Lesson 5

9 The accusative case

In a simple sentence such as 'I see the garden', the object is 'the garden'. A noun that is the object of a sentence is said to be in the accusative case, and in Greek this is shown by a change of ending which - as with the genitive case you have just learned - differs according to gender and number. The accusative definite article also changes in the same way. In the examples below, the accusative case is shown following the nominative (see Lesson 1):

Masculine words
Singular

ο κήπος→τον κήπο	the garden
ο πατέρας→τον πατέρα	the father
ο μαθητής→το μαθητή	the pupil
ο παππούς→τον παππού	the grandfather
ο καφές→τον καφέ	the coffee
ο μπακάλης→τον μπακάλη	the grocer

Plural

οι κήποι→τους κήπους
οι πατέρες→τους πατέρες
οι μαθητές→τους μαθητές
οι παππούδες→ τους παππούδες
οι καφέδες→ τους καφέδες
οι μπακάληδες→τους μπακάληδες

Feminine words
Singular

η μητέρα→τη μητέρα	the mother
η αδελφή→την αδελφή	the sister
η νήσος→τη νήσο	the island *fancy for το νησί (n.)(see*
η γιαγιά→τη γιαγιά	the grandmother *pl. exx. on p. 36)*
η αλεπού→την αλεπού	the fox

Plural

οι μητέρες→τις μητέρες
οι αδελφές→ τις αδελφές
οι νήσοι→τις νήσους   *fancy for τα νησιά*
οι γιαγιάδες→τις γιαγιάδες
οι αλεπούδες→τις αλεπούδες

35

Neuter words
Singular

το βιβλίο—το βιβλίο	the book
το παιδί—το παιδί	the child
το φως—το φως	the light
το χρώμα—το χρώμα	the colour
το δάσος—το δάσος	the forest

Plural
τα βιβλία—τα βιβλία
τα παιδιά—τα παιδιά
τα φώτα—τα φώτα
τα χρώματα—τα χρώματα
τα δάση—τα δάση

Examples in the singular

Βλέπω τον ωραίο κήπο [Vlépo ton oréo kípo] I see the beautiful garden
Αγαπώ τον πατέρα μου [Aghapó ton patéra mu] I love my father
Βοηθώ το μαθητή [Voithó to mathiti] I help the pupil
Βοηθώ τη μητέρα του Νίκου [Voithó tí mitéra tu Níku] I help Nicos' mother
Αγαπώ την αδελφή της Ελένης [Aghapó tin adhelfí tis Elénis] I love Eleni's sister
Διαβάζω το ωραίο βιβλίο [Dhyavázo to oréo vivlío] I read the beautiful book
Κοιτάζω το πράσινο δάσος [Kitázo to prásino dhásos] I look at the green forest

Examples in the plural

Βλέπω τα αυτοκίνητα [Vlépo ta aftokínita] I see the cars
Βλέπω τις βάρκες [Vlépo tis várkes] I see the boats
Στέλλω τα γράμματα [Stélo ta ghrámata] I send the letters
Διαβάζω τις πινακίδες [Dhyavázo tis pinakídhes] I read the signs
Αγοράζω τα φορέματα [Aghorázo ta forémata] I buy the dresses
Στέλλω τις φωτογραφίες [Stéllo tis fotografíes] I send the photographs
Ταξιδεύω στα νησιά [Taxidhévo sta nisiá] I travel to the islands
Περπατώ στους δρόμους [Perpató stus dhrómus] I walk in the streets
Θαυμάζω τις βιτρίνες [Thavmázo tís vitrínes] I admire the shop windows
Κάθομαι στα καφενεία [Káthome sta kafenía] I sit in the coffee-houses

Vocabulary

αγοράζω [aghorázo]	I buy
την άλλη (ε)βδομάδα [tin álli (e)vdhomádha]	next week
απόψε, σήμερα το βράδυ [apópse, símera to vrádhi]	tonight
αύριο [ávrio]	tomorrow
αυτή την εβδομάδα [aftí tin evdhomádha]	this week
το αυτοκίνητο, το αμάξι [to aftokínito, to amáxi]	car
κάθε [káthe]	every
καπνίζω [kapnízo]	I smoke
η μέρα, ημέρα [i méra, iméra]	day
η νύχτα [i níhta]	night
θα πάω [tha páo]	I shall go
πήγα [pígha]	I went
πηγαίνω, πάω [piyéno, páo]	I go
πίνω [píno]	I drink
σήμερα [símera]	today
τα σπίρτα [ta spírta]	matches
τρώγω [trógho], *usually:* τρώω [tróo]	I eat
τα τσιγάρα [ta tsighára]	cigarettes
χτές, χθές [khtes, khthes]	yesterday
χτές το βράδυ (ψές) [khtes to vrádhi (psés)]	last night

↑ *nonstandard; ok in Cyprus*

Exercises

13 *Translate into Greek:*
1 Every day I drink coffee.
2 Every night I drink retsina at the taverna.
3 Every day I work at the school.
4 Yesterday I went to the cinema.
5 Tomorrow I shall go to the theatre.
6 Last night I went to Daphne's house.
7 Tonight I shall go to Mary's house.
8 This week I shall go to Crete.
9 I smoke twenty cigarettes every day.
10 Every night I drink two bottles of wine.

14 *Translate into English:*
1 Τρώ(γ)ω μήλα κάθε μέρα.
2 Πίνω τρία μπουκάλια κρασί κάθε εβδομάδα.
3 Πηγαίνω στη θάλασσα κάθε Κυριακή.
4 Απόψε θα πάω στο σινεμά.
5 Βλέπω τα ωραία λουλούδια του κήπου.
6 Αυτή την εβδομάδα θα πάω στη Λευκωσία.
7 Αύριο θα πάω στη δουλειά με το αυτοκίνητό μου.
8 Κάθε μέρα αγοράζω είκοσι τσιγάρα και σπίρτα.
9 Κάθε πρωί πίνω καφέ.
10 Πάω στο θέατρο δυο φορές το μήνα.

10 The vocative case

When we call or address someone, we always use the vocative case
- or the 'calling case' as it is sometimes known. The rules to
remember are:

1 Masculine words ending in **os** in the adjective or noun change
the - **os** into **-e**. In plural they remain the same. For example:

ο **κύριος** [o kírios] - **κύριε** (Sir)
ο **θείος** [o thíos] - **θείε** (uncle)
ο **φίλος** [o fílos] - **φίλε** (friend)
ο **ξένος** [o ksénos] - **ξένε** (guest/tourist)
ο **οδηγός** [o odhighós] - **οδηγέ** (driver/guide)
ο **καλός** [o kalós] - **καλέ!** (my good man!)

2 All other masculine words, both nouns and adjectives, simply
drop the final **s** in the vocative. For example:

ο **Νίκος** [Níkos] - **Νίκο** (Nicos)
ο **Γιάννης** [Yánis] - **Γιάννη** (John)
ο **Κώστας** [Kóstas] - **Κώστα** (Costas)
ο **γαλατάς** [ghalatás] - **γαλατά** (milkman)
ο **χτίστης** [khtístis] - **χτίστη** (builder)
ο **ψωμάς** [psomás] - **ψωμά** (baker)

3 All feminine words remain exactly the same in the vocative. For example:

η Μαρία - Μαρία (Mary)
η Ελένη - Ελένη (Helen)
η μητέρα - μητέρα (mother)

4 All neuter words remain exactly the same in the vocative.

Examples

Κώστα, έλα εδώ [Kósta, éla edhó] Costas, come here
Μαρία, κάνε ένα καφέ [María, káne éna kafé] Mary, make some coffee
Θείε, πότε θα ξανάρθετε; [Thíe, póte tha ksanárthete] Uncle, when are you coming again?
Κύριε, απαγορεύεται η στάθμευση. [Kírye, apagorévete i státhmefsi] Parking is prohibited, Sir.
Γαλατά, θέλουμε δυό μπουκάλια σήμερα [Ghalatá, thélume dhyó bukálya símera] We want two bottles today, milkman.
Γιάννη, στείλε το γράμμα [Yáni, stíle to ghráma] John, send the letter.
Μητέρα, θέλω να φάω κεφτέδες απόψε [Mitéra, thélo na fáo keftédhes apópse] I want to eat meatballs tonight, mother.
Θεία, πότε θα έρθουν οι εξάδελφοί μου; [Thía, póte tha érthun i exádelfí mu] Aunt, when are my cousins coming?
Γιαγιά, να μας πεις ενα παραμύθι [Yiayiá, na mas pis éna paramíthi] Granny, you must tell us a story.
Κύριε, τί ώρα φεύγει το τραίνο; [Kírye, ti óra févghi to tréno] Sir, what time does the train leave?

Vocabulary

αναχωρώ [anahoró] *fancy*	I depart
ας πάμε [as páme]	let's go
ας πιούμε [as pyúme]	let's drink
ας φάμε [as fáme]	let's eat
ο δρόμος [dhrómos]	road, street, way
το κουλούρι [kulúri]	bread ring
κοστίζει [kostízi]	it costs
ξυρίζομαι [ksirízome]	I shave
ο ορθός [orthós]	right, correct
η πορτοκαλάδα [portokaládha]	orangeade
το ποτήρι [potíri]	glass

σταθμεύω [stathmévo]   I park
υπέροχο [ipéroho]   splendid
φέρνω [ferno]   I bring

Exercises

15 *Translate into English:*
1 Μιχάλη, ξύρισε τον κύριο.
2 Μαρία, φέρε μία πορτοκαλάδα, παρακαλώ.
3 Γιαγιά, να έρθεις απόψε.
4 Κώστα, τηλεφώνησέ μου αύριο.
5 Θείε, τί ώρα να σας περιμένουμε;
6 Ψωμά, θέλουμε πέντε κουλούρια.
7 Θεία, θα πάμε στο θέατρο.
8 Κύριε, τί ώρα αναχωρεί (φεύγει) το αεροπλάνο;
9 Κυρία Ελένη, πόσο κοστίζει το δωμάτιο;
10 Ζαχαρία, το φαγητό ήταν υπέροχο.

16 *Translate into Greek:*
1 John, bring me a beer.
2 Helen, give me a glass of water.
3 Granny, can you make me a coffee?
4 Father, I want to go to the sea.
5 Peter, let us go to the Acropolis.
6 Costas, did you see that film?
7 María, have you read that book?
8 Aunty, we want you to come on Sunday.
9 Sir, can I park here?
10 Sir, is this the right way to Corinth?

Lesson 6

11 The present tense

All verbs in the active voice end in - ω. A verb is a doing word, e.g. I eat, I drink, I smoke, I play etc. Greek verbs are conjugated in such a way that they do not require the personal pronoun. In English, for example, we say 'He drinks coffee'. In Greek the personal pronoun 'he' is omitted because the ending of the verb denotes that it is 'he'. Greek verbs are conjugated depending where their accent lies. If the accent is not on the last syllable, then they are conjugated as shown below, on the left. If the verb takes an accent on the last syllable then they are conjugated as in the column on the right.

Conjugation of verbs

Verbs not accented on last syllable	*Verbs accented on last syllable*
πηγαίν-ω I go	αγαπ-ώ I love
πηγαίν-εις you go	αγαπ-άς you love
πηγαίν-ει he, she, it goes	αγαπ-ά he, she, it loves
πηγαίν-ουμε we go	αγαπ-ούμε we love
πηγαίν-ετε you go	αγαπ-άτε you love
πηγαίν-ουν they go	αγαπ-ούν they love

NOTE It must be remembered that the Greek present tense translates both the simple present (I go) and the present continuous (I am going).

Vocabulary

αγοράζω	I buy
άσπρος-η-ο	white
βλέπω	I see
γαλανός-ή-ό, γαλάζιος-α-ο, μπλέ	blue
το γκαρσόν	waiter
δίνω	I give
έχω	I have
θέλω	I want
η καρέκλα	chair
τα μαλλιά	hair

μαύρος-η-ο   dark, black
τά μάτια   eyes
μένω   I stay
θα μείνω   I shall stay
μιλώ   I speak
ξανθός-ή-ό   blonde
το ξενοδοχείο   hotel
ξέρω, γνωρίζω   I know
παίρνω   I take
το ποτήρι   glass
πωλώ/πουλώ   I sell
τραγουδώ   I sing
το τραπέζι   table
φεύγω   I leave
χορεύω   I dance
ωραίος-α-ο   beautiful
η Γιαννούλα   Janet
η Σάντρα   Sandra

Examples

Μιλώ Ελληνικά   I speak Greek
Ο Κώστας μιλά Αγγλικά   Costas speaks English
Η Ελένη μιλά Γαλλικά   Helen speaks French
Τρώγω σουβλάκια   I eat kebabs
Τρώγεις μουσακά   You eat moussaka
Πίνουμε ρετσίνα   We drink retsina
Πίνετε κρασί   You drink wine
Πίνουν ούζο   They drink ouzo
Πηγαίνω στην Ακρόπολη   I go to the Acropolis
Πηγαίνεις στην ταβέρνα   You go to the taverna
Μένω στο ξενοδοχείο   I stay at the hotel
Χορεύουμε στην ταβέρνα   We dance at the taverna

Greek cities

η Αθήνα   Athens
η Θεσσαλονίκη   Salonica
ο Πειραιάς   Piraeus
η Λάρισσα   Larissa
η Κόρινθος   Corinth
τα Γιάννενα   Jannena
η Πάτρα   Patras
η Καβάλλα   Kavalla
ο Βόλος   Volos
η Καλαμάτα   Kalamata

Exercises

17 *Conjugate the following verbs:*
1 τρώγω I eat
2 καπνίζω I smoke
3 φιλώ I kiss
4 δουλεύω I work
5 χορεύω I dance
6 ξέρω I know
7 γελώ I laugh
8 ξυπνώ I wake
9 μένω I stay
10 κάνω I make (do)

18 *Translate into Greek:*
1 Nikos speaks to Maria in Greek.
2 Michael buys a newspaper every morning.
3 Helen and Janet sell cigarettes at the cinema.
4 Peter and George are friends of Nicholas.
5 Sandra is a blonde girl with blue eyes.
6 Helen sings beautifully at the club every night.
7 She sings Greek and English songs at the club.
8 I drink my coffee in the morning and I leave for my work.
9 Demetris sells apples and pears with his brother Yannis.
10 I take my son to school every morning by car.
11 Demetra is the girl with the black hair and eyes.
12 I stay at the hotel near the sea.

19 *Translate into English:*
1 Η μητέρα μου μιλά στην Ελένη.
2 Ο Νίκος πίνει καφέ κάθε πρωί.
3 Κάθε νύχτα η Δέσποινα και ο Νίκος χορεύουν στο κέντρο.
4 Το καλοκαίρι μένω στο Λονδίνο.
5 Η ξανθή κοπέλα τραγουδά και χορεύει ωραία.
6 Θέλω ένα ποτήρι κονιάκ, παρακαλώ.
7 Ο Γιάννης παίρνει το ποτήρι και πίνει το κρασί.
8 Ο πατέρας και η μητέρα φεύγουν για τη δουλειά.
9 Ο Χάρης πωλεί τσιγάρα και σπίρτα.
10 Το αυτοκίνητο του φίλου μου είναι άσπρο.

NOTE All Greek verbs belong to one of four conjugations and the present tense endings of each of them is set out below:

First conjugation
γράφ-ω (I write)
-εις
-ει
-ουμε
-ετε
-ουν

Second conjugation
αγαπ-ώ (I love)
-άς
-ά
-ούμε
-άτε
-ούν

Third conjugation
έρχ-ομαι (I come)
-εσαι
-εται
-όμαστε
-εστε
-ονται

Fourth conjugation
προσπαθ-ώ (I try)
-είς
-εί
-ούμε
-είτε
-ούν

CONVERSATION

Στο ταχυδρομείο/At the post-office

- Θέλω να στείλω ένα γράμμα.	'I want to send a letter'.
- Πού;	'Where to?'
- Στήν Αγγλία.	'To England'.
- Αεροπορικώς ή κοινό;	'By air or by ordinary post?'
- Αεροπορικώς.	'By air'.
- Δώστε το εδώ. Να το ζυγίσω.	'Give it to me. I must weigh it .
...Δεκαπέντε δραχμές.	...15 drachmas'.
- Ορίστε.	'Here you are'.
- Ορίστε το γράμμα σας και το γραμματόσημο.	'Here is your letter and the stamp'.
- Πού θα το ρίξω;	'Where shall I put it?
- Στο κουτί στη γωνία.	'Into the box at the corner'.
- Ευχαριστώ.	'Thank you'.

Στο βιβλιοπωλείο/At the bookshop

- Έχετε Αγγλικά βιβλία;	'Have you got English books?'
- Βεβαίως.	'Certainly'.
- Μπορώ να τα δώ;	'Can I see them?'
- Ευχαρίστως. Ορίστε. Εδώ	'With pleasure. Here they are.
σ' αυτά τα ράφια.	Here, on these shelves'.
- Γυρεύω ένα τουριστικό	'I am looking for a tourist
οδηγό της Ελλάδας.	guide to Greece'.
- Θα τους βρείτε εκεί	'You will find them there, on
δεξιά. Διαλέξτε.	the right. Choose'.
- Πόσο κοστίζει αυτός εδώ;	'How much is this one?'
- Τριακόσιες είκοσι δραχμές.	'Three hundred and twenty
	drachmas'.
- Πολύ ακριβά.	'Too expensive'.
- Έρχονται από το εξωτερικό,	'They come from abroad, you see.
βλέπετε. Αυτός εδώ είναι	This one is Greek. It's good
Ελληνικός. Ειναι καλός	and cheap. Only one hundred
και φτηνός. Μόνο εκατόν	and eighty drachmas'.
ογδόντα δραχμές.	
- Θα πάρω αυτόν εδώ. Δώστε	'I'll take this one. Give me
μου ρέστα από	change from a five hundred
πεντακοσάρικο.	drachma note'.
- Ορίστε τα ρέστα σας,	'Here is your change, three
τριακόσιες είκοσι δραχμές	hundred and twenty drachmas,
και ο οδηγός σας.	and your guide'.

Lesson 7

12 The imperfect tense

The following rules must be followed in order to construct the imperfect:

1 We always change the final -ω of the present into -α and transfer the accent to the third syllable from the end, for example:

Present		*Imperfect*	
πηγαίν-ω	→	πήγαιν-α	I was going
ανοίγ-ω	→	άνοιγ-α	I was opening
διδάσκ-ω	→	δίδασκ-α	I was teaching

2 If the verb is accented on the last letter then we change the final ω- into -ούσα, for example:

Present		*Imperfect*	
ρωτ-ώ	→	ρωτ-ούσα	I was asking
μιλ-ώ	→	μιλ-ούσα	I was speaking
κρατ-ώ	→	κρατ-ούσα	I was holding
αγαπ-ώ	→	αγαπ-ούσα	I was loving

Conjugation of the imperfect

πήγαιν-α	I was going
πήγαιν-ες	you were going
πήγαιν-ε	he, she, it was going
πηγαίν-αμε	we were going
πηγαίν-ατε	you were going
πήγαιν-αν	they were going
μιλ-ούσα	I was speaking
μιλ-ούσες	you were speaking
μιλ-ούσε	he, she, it was speaking
μιλ-ούσαμε	we were speaking
μιλ-ούσατε	you were speaking
μιλ-ούσαν	they were speaking

Two-syllable verbs not accented on the last syllable are converted into the imperfect by changing the final -ω of the present into α and by adding an initial ε or η, for example:

πίνω	→ έπινα	I was drinking
τρώγω	→ έτρωγα	I was eating
γράφω	→ έγραφα	I was writing
στέλλω	→ έστελλα	I was sending
θέλω	→ ήθελα	I was wanting (I wanted)

All these are conjugated in exactly the same way as the other imperfects on the previous page. Here is a complete example of the first verb given in the above list:

έπινα	I was drinking	πίναμε	we were drinking
έπινες	you were drinking	πίνατε	you were drinking
έπινε	he, she, it was drinking	έπιναν	they were drinking

NOTE In the first and second person plural the initial ε is dropped but it returns in the third person plural.

Examples with the imperfect
Πήγαινα στο σχολείο   I was going to school
Έπινα τσάι   He was drinking tea
Έτρωγε μήλα   She was eating apples
Τραγουδούσε ωραία   She was singing nicely
Έμεναν στο σπίτι μας   They were staying in our house
Μιλούσαμε Ελληνικά   We were speaking Greek
Έμενα στην Αθήνα   I was staying in Athens
Σπούδαζα φιλολογία   I was studying literature
Πίναμε ρετσίνα   We were drinking retsina
Τρώγαμε ψάρια   We were eating fish

13 The use of the particle 'να'

The Greek word **να** is a particle which is *always* used between two verbs, i.e. it connects the verbs as in 'I want to go', 'I want to eat', etc. In grammatical terms this particle and the verb form that follows it is known as the indefinite, and can be compared to the infinitive in English; in other words **να** does the work of 'to'. For example:

θέλω να πάω	I want to go
θέλω να φάω	I want to eat
πρέπει να γράφω	I must write

Vocabulary

αεροπορικώς	by air
η Αθήνα	Athens
η Γιουγκοσλαβία	Yugoslavia
ήμουν	I was
το κέντρο	club
η Λάρνακα	Larnaca
η Λευκωσία	Nicosia
τα λεφτά	money
όταν	when
πλούσιος-α-ο	rich
ταξιδεύω	I travel
φτωχός-ή-ό	poor

Greek mountains

ο ΄Ολυμπος	Mt. Olympus
η Πίνδος	Mt. Pindus
ο Ταΰγετος	Mt. Taygetus
ο Παρνασός	Mt. Parnassus
ο Γράμμος	Mt. Grammos

Exercises

20 *Conjugate the following imperfects:*
1 ήθελα — I wanted
2 έγραφα — I was writing
3 αγόραζα — I was buying
4 έστελλα — I was sending
5 έμενα — I was staying

21 *Translate into Greek:*
1 I wanted to buy a car but I did not have the money.
2 I went to the market and I wanted to buy fish and meat.
3 I was going to the cinema with my wife when my cousin came.
4 I was staying at the Hotel Florida when I was in Cyprus.
5 Helen was staying in Paphos with her mother.
6 We wanted to buy many souvenirs when we went to Athens.
7 We were travelling by air to Nicosia last night.
8 You were travelling by train to Yugoslavia.
9 He was staying at the hotel of his friend in Larnaca.
10 We were drinking and you were eating all night at the club.

Imperfect tense

First conjugation (I was writing)	Second conjugation (I used to love)
έγραφα	αγαπούσα
έγραφες	αγαπούσες
έγραφε	αγαπούσε
γράφαμε	αγαπούσαμε
γράφατε	αγαπούσατε
έγραφαν	αγαπούσαν

Third conjugation (I was coming)	Fourth conjugation (I was trying)
ερχόμουν	προσπαθούσα
ερχόσουν	προσπαθούσες
ερχόταν	προσπαθούσε
ερχόμαστε	προσπαθούσαμε
ερχόσαστε	προσπαθούσατε
έρχονταν	προσπαθούσαν

Here is a list of common verbs in their present, imperfect and past tenses: they all belong to the first conjugation

Present	Imperfect	Past
αγοράζω (I buy)	αγόραζα	αγόρασα
αφήνω (I leave)	άφηνα	άφησα
αρχίζω (I begin)	άρχιζα	άρχισα
ακούω (I hear)	άκουα	άκουσα
ανάβω (I light)	άναβα	άναψα
ανεβαίνω (I climb, go up)	ανέβαινα	ανέβηκα
ανοίγω (I open)	άνοιγα	άνοιξα
βλέπω (I see)	έβλεπα	είδα
βάλλω (I put)	έβαλλα	έβαλα
βγάζω (I take off)	έβγαζα	έβγαλα
γράφω (I write)	έγραφα	έγραψα
γνωρίζω (I know)	γνώριζα	γνώρισα
γυρίζω (I turn)	γύριζα	γύρισα
δίνω (I give)	έδινα	έδωσα
διαβάζω (I read)	διάβαζα	διάβασα
δουλεύω (I work)	δούλευα	δούλεψα
δυναμώνω (I strengthen, I become strong)	δυνάμωνα	δυνάμωσα
διδάσκω (I teach)	δίδασκα	δίδαξα
δείχνω (I show)	έδειχνα	έδειξα
έχω (I have)	είχα	είχα
ζηλεύω (I am jealous)	ζήλευα	ζήλεψα

50

θέλω (I want)	ήθελα	θέλησα
κάνω (I make, do)	έκανα	έκανα
κερδίζω (I earn, gain, win)	κέρδιζα	κέρδισα
κρυώνω (I am cold)	κρύωνα	κρύωσα
κλαίω (I cry, weep)	έκλαια	έκλαψα
κόβω (I cut)	έκοβα	έκοψα
κοιτάζω (I look, gaze)	κοίταζα	κοίταξα
κατεβάζω (I lower)	κατέβαζα	κατέβασα
κατεβαίνω (I come down, descend)	κατέβαινα	κατέβηκα
καίω (I burn)	έκαια	έκαψα
κρύβω (I hide)	έκρυβα	έκρυψα
καταπίνω (I swallow)	κατάπινα	εκατάπια
καταλαβαίνω (I understand)	καταλάβαινα	κατάλαβα
κλείω (I close, shut)	έκλεια	έκλεισα
λέγω (I say, tell)	έλεγα	είπα
λάμπω (I shine)	έλαμπα	έλαμψα
μαλλώνω (I scold)	μάλλωνα	μάλλωσα
μαθαίνω (I learn)	μάθαινα	έμαθα
μεγαλώνω (I grow)	μεγάλωνα	μεγάλωσα
μένω (I stay)	έμενα	έμεινα
μπαίνω (I enter)	έμπαινα	μπῆκα
νομίζω (I think)	νόμιζα	νόμισα
ξέρω, γνωρίζω (I know)	ήξερα, γνώριζα	ήξερα, γνώρισα
ξαπλώνω (I lie down)	ξάπλωνα	ξάπλωσα
ξαναγυρίζω (I return)	ξαναγύριζα	ξαναγύρισα
πιστεύω (I believe)	πίστευα	πίστεψα
παίρνω (I take)	έπαιρνα	πήρα
πηγαίνω (I go)	πήγαινα	πήγα
παίζω (I play)	έπαιζα	έπαιξα
πίνω (I drink)	έπινα	ήπια
περιμένω (I wait)	περίμενα	περίμενα
ρίχνω (I throw)	έριχνα	έριξα
τρώγω (I eat)	έτρωγα	έφαγα
τελειώνω (I finish, end)	τέλειωνα	τέλειωσα
τρέχω (I run)	έτρεχα	έτρεξα
φέρνω (I bring)	έφερνα	έφερα
φυλάγω (I keep, guard)	φύλαγα	φύλαξα
φροντίζω (I take care)	φρόντιζα	φρόντισα
φωνάζω (I shout)	φώναζα	φώναξα
φτάνω (I reach)	έφτανα	έφτασα
φεύγω (I leave)	έφευγα	έφυγα
χάνω (I lose)	έχανα	έχασα
χορταίνω (I get full)	χόρταινα	χόρτασα

14 The past simple tense of 'είμαι=I am' and 'έχω=I have'

είμαι - I am

ήμουν - ήμουνα	I was
ήσουν - ήσουνα	you were
ήταν - ήτανε	he, she, it was
ήμαστε	we were
ήσαστε	you were
ήταν - ήτανε	they were

έχω - I have

είχα	I had
είχες	you had
είχε	he, she, it had
είχαμε	we had
είχατε	you had
είχαν	they had

CONVERSATION

Στον αστυνομικό σταθμό/At the police-station

- Χάσαμε ένα πορτοφόλι.	'We've lost a wallet'.
- Είχε λεφτά μέσα;	'Was there any money in it?
- Βεβαίως.	'Yes, there was'.
- Πόσα;	'How much?'
- Εφτάμιση χιλιάδες δραχμές.	'Seven thousand five hundred drachmas'.
- Πότε το χάσατε;	'When did you lose it?'
- Σήμερα το πρωί.	'This morning'.
- Τί ώρα πάνω-κάτω;	'About what time?'
- Περίπου στις δέκα η ώρα.	'At about 10 o'clock'.
- Πού τό χάσατε;	'Where did you lose it?'
- Κοντά στο σταθμό.	'Near the station'.
- Στο σταθμό, ε;	'The station, eh?'
- Μάλιστα, κύριε.	'Yes, sir!'
- Τί χρώμα έχει το πορτοφόλι σας;	'What colour is your wallet?'
- Καφέ. Και έχει τα γράμματα Ο.Ε. επάνω του.	'Brown. And it has the letters O.E. on it'.
- Αυτό είναι;	'Is this it?'
- Μάλιστα. Μα πώς το βρήκατε;	'Yes, it is. But how did you find it?'
- Αυτή είναι η δουλειά μας. Υπογράψτε εδώ, παρακαλώ. Και άλλη φορα να προσέχετε περισσότερο.	'That's our business. Sign here, please. And next time be more careful'.

Lesson 8

15 The future continuous

This is formed with **θα** followed by the present indicative. It is used when the future action is incomplete or repetitive.

θα γράφω	I shall be writing
θα γράφεις	you will be writing
θα γράφει	he, she, it will be writing
θα γράφουμε	we shall be writing
θα γράφετε	you will be writing
θα γράφουν	they will be writing
θα τραγουδώ	I shall be singing
θα τραγουδάς	you will be singing
θα τραγουδά	he, she, it will be singing
θα τραγουδούμε	we shall be singing
θα τραγουδάτε	you will be singing
θα τραγουδούν	they will be singing

Examples

Η ταβέρνα θα ανοίγει κάθε μέρα στίς οκτώ η ώρα.
The taverna will open at eight o'clock every day.
Ο Γιάννης θα γράφει στο φίλο του μια φορά το μήνα.
John will write to his friend once a month.
Ο Μπιθικότσης θα τραγουδά κάθε βράδυ στις δέκα.
Bithikotsis will sing at ten o'clock every night.

16 The future simple tense

To construct the future simple tense in Greek, it is essential to remember some rules. These rules refer to the endings of the verbs in the present tense and once they are mastered then it is easy to render the present into the future. Of course, there are irregular verbs which do not adhere to these rules.

1 Those verbs ending in -ω, -ζω, -νω, -φτω: substitute with -σω

2 Those verbs ending in -βω, -νω, -πω: substitute with -ψω

3 Those verbs ending in -ζω, -χνω, -χω: substitute with -ξω

4 Some verbs do not change at all. They remain exactly as they are in the present, except that we use the particle θα in front to indicate the future, e.g. **κάνω** (I make) → **θα κάνω** (I shall make)

5 Those verbs accented on the last syllable change into -ήσω
e.g. **μιλώ** (I speak) → **μιλήσω**; **αγαπώ** (I love) → **αγαπήσω**

Examples

κλείω	**θα κλείσω**
(I close)	(I shall close)
αρχίζω	**θα αρχίσω**
(I start)	(I shall start)
πιάνω	**θα πιάσω**
(I take)	(I shall take)
αλλάζω	**θα αλλάξω**
(I change)	(I shall change)
δείχνω	**θα δείξω**
(I show)	(I shall show)
κόβω	**θα κόψω**
(I cut)	(I shall cut)
δουλεύω	**θα δουλέψω**
(I work)	(I shall work)
λείπω	**θα λείψω**
(I am away)	(I shall be away)
προσέχω	**θα προσέξω**
(I am careful)	(I shall be careful)

Sentences using the *future tense*

Θα πάω στην Ελλάδα	I shall go to Greece
Θα πάμε στην Αθήνα	We shall go to Athens
Θα πάνε στή Θεσσαλονίκη	They will go to Salonica
Θα μείνω για δέκα μέρες	I shall stay for 10 days
Θα μείνουμε για δύο βδομάδες	We shall stay for two weeks
Θα δώ την Επίδαυρο	I shall see Epidaurus
Θα πιούμε ρετσίνα	I shall drink retsina
Θα χορέψετε το χορό του Ζορμπά	You will dance Zorba's dance

Θα φάει αρνάκι ψητό   She will eat roast lamb
Θα μάθω τα Ελληνικά   I shall learn Greek

Example of future conjugation of 'I speak':

θα μιλήσω I shall speak   **θα μιλήσουμε** we shall speak
θα μιλήσεις you will speak   **θα μιλήσετε** you will speak
θα μιλήσει he, she will speak   **θα μιλήσουν** they will speak

Irregular verbs in the future

πηγαίνω - θα πάω	(I shall go)
τρώγω - θα φάω	(I shall eat)
πίνω - θα πιω	(I shall drink)
βλέπω - θα δω	(I shall see)
παίρνω - θα πάρω	(I shall take)
φεύγω - θα φύγω	(I shall leave)
λέγω - θα πω	(I shall say)
μένω - θα μείνω	(I shall stay)
βάζω - θα βάλω	(I shall put)
βγαίνω - θα βγω	(I shall go out)

NOTE Most verbs in the future are conjugated in exactly the same way as those of the present tense. Some of the irregular verbs are conjugated differently as can be seen below.

θα πάω	I shall go	**θα φάω**	I shall eat
θα πας	you will go	**θα φας**	you will eat
θα πάει	he, she, it will go	**θα φάει**	he, she, it will eat
θα πάμε	we shall go	**θα φάμε**	we shall eat
θα πάτε	you will go	**θα φάτε**	you will eat
θα πάνε	they will go	**θα φάνε**	they will eat

Vocabulary

η ακρογιαλιά	beach
ο Αύγουστος	August
η γυναίκα, σύζυγος	wife
οι διακοπές	holidays
η εκκλησία	church
ο εξάδελφος/η εξαδέλφη	cousin
το θέατρο	theatre
η Ισπανία	Spain

το κοστούμι	suit
η Κυριακή	Sunday
μαθαίνω	I learn
το ξενοδοχείο	hotel
όλοι-ες-α	all
το σινεμά	cinema
ο σταθμός	station
φεύγω	I leave
η φίλη	girl-friend
χορεύω	I dance

Exercises

22 *Translate into English:*
1 Ο Νίκος θα πάει στη θάλασσα.
2 Η Μαρία θα μείνει στο σπίτι.
3 Τα παιδιά θα πάνε στην πλατεία.
4 Ο πατέρας θα πάει στο σινεμά.
5 Ο κόσμος θα είναι στη θάλασσα.
6 Θα χορέψω στην ταβέρνα.
7 Θα δω ένα έργο στο θέατρο.
8 Την Κυριακή θα πάμε στην ταβέρνα.
9 Τον Αύγουστο θα έχουμε διακοπές.
10 Θα μάθουμε όλοι το χορό του Ζορμπά.

23 *Translate into Greek:*
1 Tonight I shall go to the cinema with my wife.
2 Tomorrow I shall go to the theatre with my girl-friend.
3 On Sunday we shall all go to church.
4 In August Peter and Mary will go to Spain for their holidays.
5 Helen will stay at the hotel near the beach.
6 You will learn to sing Greek and drink retsina.
7 He will leave the station with his friends tomorrow night.
8 On Tuesday I shall put on my new suit because I shall go out.
9 On Friday night I shall drink and dance at the Greek club with my friends.
10 We shall go to see our cousin.

Future continuous tense

First conjugation
(I shall be writing)

θα γράφω
θα γράφεις
θα γράφει

θα γράφουμε
θα γράφετε
θα γράφουν

Second conjugation
(I shall be loving)

θα αγαπώ
θα αγαπάς
θα αγαπά

θα αγαπούμε
θα αγαπάτε
θα αγαπούν

Third conjugation
(I shall be coming)

θα έρχομαι
θα έρχεσαι
θα έρχεται

θα ερχόμαστε
θα έρχεστε
θα έρχονται

Fourth conjugation
(I shall be trying)

θα προσπαθώ
θα προσπαθείς
θα προσπαθεί

θα προσπαθούμε
θα προσπαθείτε
θα προσπαθούν

Future simple tense

First conjugation
(I shall write)

θα γράψω
θα γράψεις
θα γράψει

θα γράψουμε
θα γράψετε
θα γράψουν

Second conjugation
(I shall love)

θα αγαπήσω
θα αγαπήσεις
θα αγαπήσει

θα αγαπήσουμε
θα αγαπήσετε
θα αγαπήσουν

Third conjugation
(I will come)

θα έρθω
θα έρθεις
θα έρθει

θα έρθουμε
θα έρθετε
θα έρθουν

Fourth conjugation
(I will try)

θα προσπαθήσω
θα προσπαθήσεις
θα προσπαθήσει

θα προσπαθήσουμε
θα προσπαθήσετε
θα προσπαθήσουν

57

CONVERSATION

Ψώνια/Shopping

- Καλημέρα.	'Good morning'.
- Καλημέρα σας, κύριε.	'Good morning, sir'.
- Έχετε τσιγάρα;	'Have you got cigarettes?'
- Μάλιστα. Τί μάρκα;	'Yes, sir. What brand?'
- Δεν ξέρω. Θέλω ένα πακέτο	'I don't know. I just want a
καλά Ελληνικά τσιγάρα.	packet of good Greek cigarettes'.
- Αυτά εδώ είναι πολύ καλά.	'These ones are very good'.
- Ευχαριστώ. Πόσο κάνουν;	'Thank you. How much are they?'
- Δεκατέσσερεις δραχμές.	'Fourteen drachmas'.
- Ορίστε. Ένα δεκάρικο και	'Here you are. One ten-drachma
δύο δίφραγκα.	piece and two two-drachma pieces'.
- Ευχαριστώ κύριε.	'Thank you, sir.'

Εστιατόριο στην ακρογιαλιά/At a seaside restaurant

- Γκαρσόν!	'Waiter!'
- Αμέσως!	'Coming, directly!'
- Γκαρσόν!	'Waiter!'
- Ορίστε.	'Yes, sir'.
- Τί έχετε για φαγητό;	'What is there to eat?'
- Έχουμε ψάρια...	'We have fish...'
- Έχετε μαρίδες;	'Have you got maridhes?'
- Βεβαίως, πολύ φρέσκες.	'Certainly. And very fresh ones, too'.
- Ωραία! Τέσσερεις μερίδες	'Fine! Four portions of maridhes,
μαρίδες, δύο χωριάτικες	two countryside salads and a
σαλάτες, και μία λίτρα κρασί.	litre of wine'.
- Θέλετε κρεμμύδι στή σαλάτα;	'Do you want onion in your salad?'
- Ναί, βεβαίως.	'Yes, of course'.

μαρίδες (maridhes), a cheap dish of very small fish fried in olive oil.

χωριάτικη σαλάτα (Horyatiki salata), a mixture of sliced tomato, cucumber, green peppers, onion and white cheese or olives with a dressing of olive oil.

Lesson 9

17 Aorist or simple past tense

To construct the simple past tense in Greek, we follow two rules.
1 We change the final **-ω** of the future simple into **-α** and move the accent to the third syllable from the end. 2 The second rule applies to two-syllable verbs or one-syllable verbs. Here we add an initial **ε** or **ει** or **η** at the beginning of the verb.

Examples

	Present	*Future*	*Past*	
First rule	δουλεύω	θα δουλέψω	δούλεψα	(I worked)
	αλλάζω	θα αλλάξω	άλλαξα	(I changed)
Second rule	κάνω	θα κάνω	έκανα	(I made)
	έχω	θα έχω	είχα	(I had)

Irregular verbs do not follow the above rules and have their own form of past tense. The most common irregular verbs are:

Present	*Future*	*Past*	
πηγαίνω	θα πάω	πήγα	(I went)
τρώγω /τρῶω	θα φάω	έφαγα	(I ate)
πίνω	θα πιω	ήπια	(I drank)
μένω	θα μείνω	έμεινα	(I stayed)
βλέπω	θα δω	είδα	(I saw)
παίρνω	θα πάρω	πήρα	(I took)
λέγω / λέω	θα πω	είπα	(I said)
βγαίνω	θα βγω	βγήκα	(I went out)

Conjugation of verbs in the past tense

Regular		*Irregular*	
δούλεψα	I worked	πήγα	I went
δούλεψες	you worked	πήγες	you went
δούλεψε	he, she, it worked	πήγε	he, she, it went
δουλέψαμε	we worked	πήγαμε	we went
δουλέψατε	you worked	πήγατε	you went
δούλεψαν	they worked	πήγαν	they went

Sentences using the simple past tense

Πήγα στην Αθήνα	I went to Athens
Πήγαμε στην Ακρόπολη	We went to the Acropolis
΄Ηπιαμε ρετσίνα	We drank retsina
Φάγαμε σουβλάκια	We ate kebabs
Μείναμε δεκαπέντε μέρες	We stayed (for) 15 days
Είδαμε τους Δελφούς	We saw Delphi
Χορέψαμε πολύ	We danced a lot
Αγόρασα ελληνικά δώρα	I bought Greek presents
΄Αλλαξε τα λεφτά της	She changed her money
Διασκεδάσαμε πολύ	We enjoyed ourselves a lot (very much)

Vocabulary

το αλάτι	salt
το αναψυκτικό	soft drink
οι ελιές	olives
τα κολοκύθια	marrows
το καρπούζι	water-melon
τα κουκιά	broad beans
το λάδι	oil
η λεμονάδα	lemonade
οι μελιτζάνες	aubergines
οι μπάμιες	okra/ladies' fingers
το ξύδι	vinegar
το πεπόνι	sweet-melon
το πιπέρι	pepper

Exercises

24 *Conjugate any five of the following verbs:*

1 έφυγα I left
2 κοιμήθηκα I slept
3 ξύπνησα I woke
4 πώλησα/πούλησα I sold
5 αγόρασα I bought
6 συνάντησα I met
7 οδήγησα I drove
8 ήπια I drank
9 κάπνισα I smoked
10 φίλησα I kissed

25 *Translate into English:*
1 Έφυγα από την Ελλάδα τον Ιούλιο.
2 Έφαγα πατάτες και ψάρι.
3 Η Ελένη έφαγε μελιτζάνες.
4 Ο Κώστας έφαγε μπάμιες.
5 Τα παιδιά έφαγαν καρπούζι και πεπόνι.
6 Η σαλάτα έχει πιπέρι, λάδι, ξύδι, ντομάτες και αγγούρι.
7 Φάγαμε παγωτό και ήπιαμε πορτοκαλάδα.

26 *Translate into Greek:*
1 We woke up at eight.
2 I slept at the hotel.
3 We met our friends in Athens.
4 I sold my white car.
5 I bought Greek presents.
6 She drank a bottle of retsina.
7 We le'ʟt Crete in September.

Simple past tense

First conjugation	Second conjugation
(I wrote)	(I loved)
έγραψα	αγάπησα
έγραψες	αγάπησες
έγραψε	αγάπησε
γράψαμε	αγαπήσαμε
γράψατε	αγαπήσατε
έγραψαν	αγάπησαν

Third conjugation	Fourth conjugation
(I came)	(I tried)
ήρθα	προσπάθησα
ήρθες	προσπάθησες
ήρθε	προσπάθησε
ήρθαμε	προσπαθήσαμε
ήρθατε	προσπαθήσατε
ήρθαν	προσπάθησαν

CONVERSATION

Στο εστιατόριο: Ο λογαριασμός/At the restaurant: the bill

- Γκαρσόν, το λογαριασμό, παρακαλώ.	'Waiter, the bill, please'.
- Μάλιστα. Τί έχετε;	'Yes. What have you had?'
- Τρείς γαριδόσουπες, το ψάρι, τρεις σαλάτες...	'Three shrimp-soups, the fish, three salads...'
- Τί άλλο;	'What else?'
- Μία φέτα, τρεις μπύρες και το ψωμί.	'One (white) cheese, three bottles of beer and the bread'.
- Δεν πήρατε θαλασσινά;	'Didn't you have any oysters?
- Α, ναι! Έξι κυδώνια.	'Oh, yes! Six oysters'.
- Ορίστε ο λογαριασμός. Διακόσιες είκοσι τέσσερεις δραχμές.	'Here is the bill. Two hundred and twenty four drachmas'.

Μια συνομιλία/A conversation

- Είστε Ελληνίδα;	'Are you Greek?
- Όχι, είμαι ξένη.	'No, I am a foreigner'.
- Μιλάτε όμως τα Ελληνικά πολύ καλά.	'But you speak Greek very well'.
- Ευχαριστώ.	'Thank you'.
- Από πού κατάγεστε;	'Where do you come from?'
- Από τη Σουηδία;	'From Sweden'.
- Α! Είστε Σουηδέζα!	'Oh! You are Swedish!'
- Μάλιστα. Από τη Στοκχόλμη.	'Yes. From Stockholm'.
- Το αυτοκίνητό σας είναι κι αυτό σουηδικό;	'Is your car Swedish too?'
- Όχι. Αυτό είναι εγγλέζικο.	'No. That is British'.
- Ωραίος συνδυασμός. Εσείς είστε Σουηδέζα, μιλάτε Ελληνικά, το αυτοκίνητό σας είναι εγγλέζικο, και καπνίζετε αμερικάνικα τσιγάρα.	'A fine combination. You are Swedish, you speak Greek, your car is British and you smoke American cigarettes'.

Lesson 10

18 The present perfect

To construct the perfect tense in the present, we simply add the auxiliary verb έχω (I have) in front of the third person singular of the present:

έχω κάνει	I have done
έχεις κάνει	you have done
έχει κάνει	he, she, it has done
έχουμε κάνει	we have done
έχετε κάνει	you have done
έχουν κάνει	they have done

Examples
έχω φύγει από την Ελλάδα   I have left Greece
εχω τραγουδήσει ένα ελληνικό τραγούδι   I have sung a Greek song
έχω καπνίσει δέκα τσιγάρα   I have smoked ten cigarettes
έχω πιει ρετσίνα   I have drunk retsina

19 The past perfect

To construct the past perfect (or pluperfect) we follow the same method as above with the exception, of course, that we use the verb είχα (I had) in front:

είχα φύγει	I had left
είχες φύγει	you had left
είχε φύγει	he, she, it had left
είχαμε φύγει	we had left
είχατε φύγει	you had left
είχαν φύγει	they had left

Examples:
Είχα φύγει όταν ήρθες   I had left when you came
Είχες αγοράσει το αυτοκίνητο   You had bought the car
Είχες πουλήσει το κρασί   You had sold the wine
Είχες φιλήσει το κορίτσι   You had kissed the girl
Είχε φύγει απο την Ελλάδα   He had left Greece
Είχαμε χορέψει στην ταβέρνα   We had danced at the taverna
Είχαν πιει ρετσίνα   They had drunk retsina
Είχε χορέψει το Ζορμπά   She had danced Zorba's dance
Είχαμε δει την Ακρόπολη   We had seen the Acropolis
Είχε φύγει από το σινεμά   He had left the cinema

Vocabulary

το αναμνηστικό	souvenir
η γιαγιά	grandmother
το θέατρο	theatre
ο εύζωνας	evzone (palace guard)
ο θείος	uncle
το καφενείο	coffee-bar
κόβω	I cut
το μουσείο	museum
μαζί	together
κολυμπώ	I swim
το πλοίο	ship
ο ξένος	guest, tourist
το παλάτι	palace
ο παππούς	grandfather
το φίλμ	film
τα σουβλάκια	kebab
συναντώ	I meet
ο τουρίστας	tourist
νωρίς	early
ο χορός	dance
η φωτιά	fire

Exercises

27 *Translate into English:*
1 Έχω στείλει ένα γράμμα.
2 Έχω δει το φιλμ «Ο Ζορμπάς».
3 Η Μαρία έχει κόψει τα μαλλιά της.
4 Ο Νίκος έχει γράψει στο θείο της.
5 Οι ξένοι έχουν πάει στη θάλασσα.

6 Η γιαγιά έχει καθήσει κοντά στη φωτιά.
7 Ο παππούς έχει πει μια ιστορία στα παιδιά.
8 Οι τουρίστες έχουν ταξιδέψει με αεροπλάνο.
9 Έχουμε πάει στους Δελφούς και στην Ολυμπία.
10 Έχεις φάει στην ταβέρνα.

28 *Translate into Greek:*
1 She has sent a present.
2 We have been to the Acropolis.
3 They have seen a good film.
4 They have been to the theatre.
5 We have visited the museum.
6 You have drunk retsina.
7 She has eaten kebabs.
8 He has travelled by boat.
9 They have bought melons and apples.
10 We have bought Greek presents.

29 *Translate into Greek:*
1 I have seen George.
2 You have seen the film.
3 We had coffee together at the cafe.
4 I had met him at the coffee-bar.
5 She had left the taverna early.
6 He had danced very well.
7 After the dance, he had drunk a bottle of sherry.
8 We had been at the Acropolis all day.
9 You had bought Greek souvenirs.
10 I have been at the market today.
11 I have seen the evzones.
12 You have been swimming at Vouliagmeni.
13 They had been drinking at the taverna.
14 They had met English tourists.
15 He had told them many things about Greece.

20 The future perfect

To construct the future perfect tense we simply add the particle
θα (shall) in front of the present tense. Thus we have:

θα έχω φύγει	I shall have left
θα έχεις φύγει	you will have left
θα έχει φύγει	he, she, it will have left

θα έχουμε φύγει	we shall have left
θα έχετε φύγει	you will have left
θα έχουν φύγει	they will have left

21 The future pluperfect

To construct the future pluperfect we simply add **θα** in front of the pluperfect. Thus we have:

θα είχα φύγει	I would have left
θα είχες φύγει	you will have left
θα είχε φύγει	he, she, it would have left
θα είχαμε φύγει	we would have left
θα είχατε φύγει	you would have left
θα είχαν φύγει	they would have left

Summary

Present perfect tense

First conjugation
(I have written)
έχω γράψει
έχεις γράψει
έχει γράψει
έχουμε γράψει
έχετε γράψει
έχουν γράψει

Second conjugation
(I have loved)
έχω αγαπήσει
έχεις αγαπήσει
έχει αγαπήσει
έχουμε αγαπήσει
έχετε αγαπήσει
έχουν αγαπήσει

Third conjugation
(I have come)
έχω έρθει
έχεις έρθει
έχει έρθει
έχουμε έρθει
έχετε έρθει
έχουν έρθει

Fourth conjugation
(I have tried)
έχω δοκιμάσει
έχεις δοκιμάσει
έχει δοκιμάσει
έχουμε δοκιμάσει
έχετε δοκιμάσει
έχουν δοκιμάσει

Past perfect tense (pluperfect)

First conjugation
(I had written)
είχα γράψει
είχες γράψει

Second conjugation
(I had loved)
είχα αγαπήσει
είχες αγαπήσει

είχε γράψει
είχαμε γράψει
είχατε γράψει
είχαν γράψει

είχε αγαπήσει
είχαμε αγαπήσει
είχατε αγαπήσει
είχαν αγαπήσει

Third conjugation
(I had come)
είχα έρθει
είχες έρθει
είχε έρθει
είχαμε έρθει
είχατε έρθει
είχαν έρθει

Fourth conjugation
(I had tried)
είχα δοκιμάσει
είχες δοκιμάσει
είχε δοκιμάσει
είχαμε δοκιμάσει
είχατε δοκιμάσει
είχαν δοκιμάσει

Future perfect tense

First conjugation
(I shall have written)
θα έχω γράψει
θα έχεις γράψει
θα έχει γράψει
θα έχουμε γράψει
θα έχετε γράψει
θα έχουν γράψει

Second conjugation
(I shall have loved)
θα έχω αγαπήσει
θα έχεις αγαπήσει
θα έχει αγαπήσει
θα έχουμε αγαπήσει
θα έχετε αγαπήσει
θα έχουν αγαπήσει

Third conjugation
(I shall have come)
θα έχω έρθει
θα έχεις έρθει
θα έχει έρθει
θα έχουμε έρθει
θα έχετε έρθει
θα έχουν έρθει

Fourth conjugation
(I shall have tried)
θα έχω δοκιμάσει
θα έχεις δοκιμάσει
θα έχει δοκιμάσει
θα έχουμε δοκιμάσει
θα έχετε δοκιμάσει
θα έχουν δοκιμάσει

Future pluperfect tense

First conjugation
(I would have written)
θα είχα γράψει
θα είχες γράψει
θα είχε γράψει
θα είχαμε γράψει
θα είχατε γράψει
θα είχαν γράψει

Second conjugation
(I would have loved)
θα είχα αγαπήσει
θα είχες αγαπήσει
θα είχε αγαπήσει
θα είχαμε αγαπήσει
θα είχατε αγαπήσει
θα είχαν αγαπήσει

Third conjugation
(I would have come)
θα είχα έρθει
θα είχες έρθει
θα είχε έρθει
θα είχαμε έρθει
θα είχατε έρθει
θα είχαν έρθει

Fourth conjugation
(I would have tried)
θα είχα δοκιμάσει
θα είχες δοκιμάσει
θα είχε δοκιμάσει
θα είχαμε δοκιμάσει
θα είχατε δοκιμάσει
θα είχαν δοκιμάσει

CONVERSATION

Η αστυνομία της τροχαίας/Trouble with the traffic-police

- Τί είναι αυτό, κύριε αστυφύλακα;   'What's that, officer?'
- Κλήση.   'A ticket'.
- Δηλαδή;   'What does that mean?'
- Δηλαδή θα πληρώσετε πρόστιμο.   'It means that you will have to pay a fine'.
- Πρόστιμο; Γιατί;   'A fine? Why?'
- Γιατί έχετε παρκάρει το αυτοκίνητό σας εδώ. Το βλέπετε εκείνο το σήμα;   'Because you have parked your car here. Do you see that sign?'
- Μα είμαι ξένος.   'But I am a foreigner'.
- Οι νόμοι είναι για όλους.   'Laws are for everybody'.
- Μα είναι η πρώτη φορά.   'But it is the first time'.
- Δεν είναι πρώτη φορά. Σας είχαμε δώσει μια προειδοποίηση χτες.   'It is not the first time. We gave you a warning yesterday'.
- Τί πρόστιμο θα πληρώσω;   'What fine must I pay?'
- Για πρώτη φορά τριακόσιες δραχμές.   'For the first time 300 drachmas'.
- 'Ω, αμάν!   'Oh, God!'

Νοικιάζω βάρκα/Hiring a boat

- Νοικιάζετε βάρκες;   'Do you hire boats?'
- Ναι. Τί θέλετε ακριβώς;   'Yes. What do you want exactly?'
- Θέλουμε μια βάρκα να πάμε για ψάρεμα.   'We want a boat to go fishing'
- Θέλετε μόνο τη βάρκα ή και άνθρωπο για κουπί;   'Do you want the boat only or do you want a man to row it, too?'

- Και άνθρωπο, βέβαια.	'A man, too, please'.
- Τί ώρα την θέλετε;	'What time do you want it?'
- Κατά τις 4 το πρωί.	'About four in the morning'.
- Θα σας κοστίσει 400 δραχμές.	'It will cost you 400 drachmas'.
- Εντάξει.	'All right!'
- Δεν θ' αφήσετε καπάρο;	'Won't you leave a deposit?'
- Πόσα πρέπει ν' αφήσουμε;	'How much should we leave?'
- 'Ενα εκατοστάρικο.	'A hundred drachmas'.
- Ορίστε.	'Here you are'.
- Ευχαριστώ.	'Thank you'.

Lesson 11

22 The passive verbs - present tense

All passive verbs end in **-μαι** whereas active verbs end in **-ω**. The passive verb is always distinguished in English by the fact that we use the verb 'to be' in front of the past participle of the verb, e.g. **πληρώνομαι** (I am paid). 'I am afraid', 'I am sorry' and 'I remember', although active, have a passive form in Greek.

There are two types of passive verbs:
(1) ending in **άμαι** or **ούμαι** e.g. **φοβάμαι** = I am afraid
(2) ending in **ομαι** e.g. **κάθομαι** = I sit (= I am sitting)

Passive verbs are conjugated as follows:

(1) **φοβάμαι** *or* **φοβούμαι**	I am afraid
φοβάσαι	you are afraid
φοβάται	he, she, it is afraid
φοβούμαστε	we are afraid
φοβάστε	you are afraid
φοβούνται	they are afraid

(2) **κάθομαι**	I am sitting
κάθεσαι	you are sitting
κάθεται	he, she, it is sitting
καθόμαστε	we are sitting
κάθεστε	you are sitting
κάθονται	they are sitting

Examples
Κάθομαι στο καφενείο   I sit at the café
Ο Γιάννης κάθεται στο σπίτι   John sits at home
Καθόμαστε να φάμε   We sit to eat
Λυπάμαι τη Μαρία   I am sorry for Maria
Λυπάται τη γιαγιά του   He is sorry for his grandmother

69

Here is a list of some more verbs which take the passive:

σκέφτομαι	I think
στέκομαι	I stand
λυπάμαι	I am sorry
παντρεύομαι	I marry
αρραβωνιάζομαι	I get engaged
διδάσκομαι	I am taught
θυμάμαι	I remember
ονειρεύομαι	I dream
απογοητεύομαι	I am disappointed
χαίρομαι	I am pleased
είμαι	I am (to be)

Exercises

30 *Conjugate the following verbs:*
  1 παντρεύομαι   I marry
  2 σκέφτομαι   I think, contemplate, consider
  3 θυμάμαι   I remember

31 *Translate into English:*
  1 Παντρεύομαι τήν Κυριακή.
  2 Θυμάμαι τους φίλους μου.
  3 Σκεφτήκαμε να πάμε στη θάλασσα.
  4 Διδάσκομαι Ελληνικά και Ιταλικά.
  5 Λυπάμαι τη μητέρα του Κώστα.
  6 Η Μαρία αρραβωνιάζεται αύριο.
  7 Στέκομαι στην Ακρόπολη και βλέπω την Αθήνα.
  8 Χαίρομαι που είμαι στην Αθήνα.

32 *Translate into Greek:*
  1 Helen marries on Sunday.
  2 Costas remembers his friends.
  3 She thought of going to the taverna.
  4 She is sorry for her father.
  5 We stand on the mountain.
  6 We are pleased to be in Cyprus.
  7 We remember Athens.
  8 They are very good friends.

23 Imperfect of passive verbs

To construct the imperfect of passive verbs we substitute the ending of the verb **-ομαι** or **-αμαι** or **-ιεμαι** with **-ομουν** (or **-ομουνα**).

For example:

σκέφτομαι → σκεφτόμουν(α)	I was thinking
κάθομαι → καθόμουν(α)	I was sitting
χαίρομαι — χαιρόμουν(α)	I was pleased
έρχομαι — ερχόμουν(α)	I was coming

The imperfect passive is conjugated thus:

ερχόμουν(α)	I was coming
ερχόσουν	you were coming
ερχόταν(ε)	he, she, it was coming
ερχόμασταν	we were coming
ερχόσασταν	you were coming
ερχόντανε	they were coming
βρισκόμουν(α)	I was found
βρισκόσουν	you were found
βρισκόταν(ε)	he, she, it was found
βρισκόμασταν	we were found
βρισκόσασταν	you were found
βρισκόντανε	they were found

Examples

σκεφτόμουν την Ελλάδα   I was thinking of Greece
καθόμουνα στο καφενείο   I was sitting at the cafe
βρισκόμασταν στην Αθήνα   we were in Athens
στεκόμασταν στην πλατεία   we were standing in the square
φοβόμουνα το στρατό   I was scared of the army
αισθανόμουν το κρύο   I was feeling the cold

παντρεύομαι - παντρευόμουν   I am — I was getting married
αρραβωνιάζομαι - αρραβωνιαζόμουν   I am — I was getting engaged
λυπάμαι - λυπόμουνα   I am — I was sorry
κουράζομαι - κουραζόμουνα   I am — I was tired
κρύβομαι - κρυβόμουνα   I am — I was hiding
ντύνομαι - ντυνόμουνα   I am — I was dressing
σηκώνομαι - σηκωνόμουνα   I am — I was getting up
φαίνομαι - φαινόμουνα   I am — I was seen

Vocabulary

γλυφό	salty, brackish
η γραφή	writing
διψώ	I am thirsty
η καρδιά	heart
το κρυφό	secret
το λάθος	mistake
το μεσημέρι	noon
ο μπάτης	breeze
το πάθος	passion
το περιγιάλι	sea-shore
το περιστέρι	dove, pigeon
η πνοή	breath
ο πόθος	eagerness, desire
σβύνω	I erase, clean, vanish
φυσώ	I blow

A GREEK SONG

Στο περιγιάλι το κρυφό/At the secret sea-shore

Στο περιγιάλι το κρυφό
κι άσπρο σαν περιστέρι,
διψάσαμε το μεσημέρι,
μα το νερό γλυφό.

Πάνω στην άμμο την ξανθή
γράψαμε τ' όνομά της,
ωραία που φύσηξε ο μπάτης
και σβύστηκ' η γραφή.

Με τί καρδιά, με τί πνοή,
τί πόθους καί τί πάθος,
πήραμε τη ζωή μας· λάθος.
Κι αλλάξαμε ζωή.

ΓΙΩΡΓΟΣ ΣΕΦΕΡΗΣ* (1900—1971)

* Notice the name of the author (George Seferis) and compare it with the way it is given on page 156; the latter is in the genitive case, for in putting the poem's title alongside his name it becomes '.... of George Seferis'.

Lesson 12

24 Passive verbs in the future tense

To construct the future of passive verbs the general rule is that:

(1) Those verbs ending in **-άμαι** change the ending into **-ηθώ,** for example:

θυμάμαι (I remember)   **θα θυμηθώ** (I shall remember)
κοιμάμαι (I sleep)   **θα κοιμηθώ** (I shall sleep)

(2) Those verbs ending in **-ομαι** change the ending into **-φτώ,** for example:

σκέφτομαι (I think)   **θα σκεφτώ** (I shall think)
κρύβομαι (I hide)   **θα κρυφτώ** (I shall hide)

(3) There are many verbs that do not follow either of the rules above, for example:

χάνομαι (I am lost)   **θα χαθώ** (I shall be lost)
εξετάζομαι (I am examined)   **θα εξεταστώ** (I shall be examined)

(4) Note that all future passive verbs are accented on the last syllable and are conjugated as follows:

θα κοιμηθώ (I shall sleep)   **θα κοιμηθούμε** (we shall sleep)
θα κοιμηθείς (you will sleep)   **θα κοιμηθείτε** (you will sleep)
θα κοιμηθεί (he, she, it will sleep) **θα κοιμηθούν** (they will sleep)

Vocabulary

αναπαύομαι	I rest
βρέχομαι	I get wet
θυμάμαι	I remember
κοιμάμαι	I sleep
κουράζομαι	I am tired
το λιμάνι	the harbour/port
ονειρεύομαι	I dream
σηκώνομαι	I get up
ο σταθμός	the station
φοβάμαι	I am afraid
χαίρομαι	I am pleased
χάνομαι	I am lost

74

Examples

Θα σηκωθώ στίς οκτώ   I shall get up at eight
Θα χαθούμε στην Αθήνα   We shall be lost in Athens
Θα αναπαυτείτε στο ξενοδοχείο   You will rest at the hotel
Ο Κώστας θα σηκωθεί στίς δέκα   Costas will get up at ten
Τα παιδιά θα σηκωθούν στις εφτά   The children will get up at
seven
Θα είμαστε στο σταθμό   We shall be at the station
Θα είναι στο λιμάνι του Πειραιά   They will be at the port of
Piraeus
Θα είστε στην ταβέρνα απόψε   You will be at the taverna tonight

Exercises

33 *Conjugate the following verbs:*
  1 **θα λυπηθώ**   I shall be sorry
  2 **θα χαρώ**   I shall be pleased
  3 **θα ονειρευτώ**   I shall dream

34 *Translate into English:*
  1 Ο Γιώργος και η Μαρία θα σηκωθούν το πρωί.
  2 Η γιαγιά θα χαρεί να δει τα παιδιά.
  3 Ο πατέρας και η μητέρα θα κοιμηθούν αργά.
  4 Η Ελένη θα ονειρευτεί την Ελλάδα.
  5 Σήμερα θα είμαι στη θάλασσα.
  6 Το μεσημέρι θα είσαι στο καφενείο.
  7 Ο παππούς θα θυμηθεί την ιστορία.
  8 Οι ξένοι θα αναπαυτούν στο ξενοδοχείο.

35 *Translate into Greek:*
  1 I shall be pleased to see Athens.
  2 She will be lost in the streets of Athens.
  3 I shall be sorry to leave Greece.
  4 We shall get wet in December.
  5 They will get up at eight.
  6 We shall rest near the sea.
  7 We shall be tired in the coach.
  8 I shall sleep at eleven tonight.

CONVERSATION

Τίποτα το κακό/Nothing wrong

- Γειά σου, Γιάννη!	'Hi, John!'
- Γειά σου!	'Hi!'
- Για πού;	'Where are you going to?'
- Στην αστυνομία.	'The police station'.
- Γιατί; Τί έγινε;	'Why? What's wrong?'
- Α, τίποτα. Πάω για το διαβατήριό μου.	'Oh, nothing. I am going about my passport'.

Όχι για μένα/Not for me

- Πάμε σινεμά;	'Shall we go to the cinema?'
- Και δεν πάμε.	'Yes, let's'.
- Πού λές να πάμε;	'Where shall we go?'
- Στο «Ρέξ». Παίζει ένα καουμπόυκο.	'To the Rex. There is a western there'.
- Να μού λείπει.	'Not for me'.
- Τί λές για το «Τιτάνια»; Παίζει ένα αστυνομικό.	'What about the 'Titania'? There is a thriller on there'.
- Όχι, όχι. Τίποτε άλλο.	'No, no. Something different'.
- Το «Ορφεύς» παίζει ένα, ενός καινούριου. Σαίξπηρ τον λένε, νομίζω.	'There is one at the 'Orpheus' by a new man. His name is Shakespeare, I think'.
- Κουμπούρα!	'Blockhead!'

Ένας φίλος/A friend

- Τί έγινε ο Πέτρος;	'What has become of Peter?'
- Λείπει.	'He's away'.
- Το ξέρω. Αλλά πού βρίσκεται;	'I know. But where is he?'
- Στην Ήπειρο.	'In Epirus'.
- Εξοχή;	'On holiday?'
- Όχι, για δουλειές.	'No, on business'.
- Αλήθεια, έχεις πάει ποτέ στην Ήπειρο;	'By the way, have you ever been to Epirus?'
- Καλά, δεν ξέρεις ότι είμαι Ηπειρώτης;	'Do you mean to say that you don't know that I come from Epirus?'
- Αλήθεια;	'Really?'

Lesson 13

25 Passive verbs in the past tense

To construct the past tense of passive verbs we simply substitute the final **-ω** of the future with **-ηκα** and move the accent to the third syllable from the end.

Present	Future	Past
Present	*Future*	*Past*
κοιμάμαι	θα κοιμηθώ	κοιμήθηκα (I slept)
σκέφτομαι	θα σκεφτώ	σκέφτηκα (I thought)
χαίρομαι	θα χαρώ	χάρηκα (I was pleased)

Further examples from the future into the past:

χαθώ	χάθηκα	(I was lost)
εξεταστώ	εξετάστηκα	(I was examined)
λυπηθώ	λυπήθηκα	(I was sorry)
φοβηθώ	φοβήθηκα	(I was afraid)
αρραβωνιαστώ	αρραβωνιάστηκα	(I got engaged)
παντρευτώ	παντρεύτηκα	(I married)

You will note that the conjugation of the past passive verbs is exactly the same as the past of active verbs:

κοιμήθηκα	I slept	χάρηκα	I was pleased
κοιμήθηκες	you slept	χάρηκες	you were pleased
κοιμήθηκε	he, she, it slept	χάρηκε	he, she, it was pleased
κοιμηθήκαμε	we slept	χαρήκαμε	we were pleased
κοιμηθήκατε	you slept	χαρήκατε	you were pleased
κοιμήθηκαν	they slept	χάρηκαν	they were pleased

Vocabulary

γεύομαι	I taste
επισκέφτομαι	I visit
έρχομαι	I come
εύχομαι	I wish
το παγωτό	ice cream
Χρόνια πολλά	Happy Returns

Examples

Ψες κοιμηθήκαμε αργά   Last night we slept late
Χαρήκαμε τη θάλασσα   We enjoyed the sea
Το παιδί γεύτηκε το παγωτό   The child tasted the ice cream
Η Μαρία ευχήθηκε «Χρόνια πολλά»   Maria wished many 'Happy Returns'
Ο Γιάννης ήρθε με αεροπλάνο   John came by aeroplane
Οι ξένοι επισκέφτηκαν την Επίδαυρο και τους Δελφούς   The tourists (foreigners) visited Epidaurus and Delphi

Exercises

36 *Conjugate the following:*
  1 ήρθα   I came
  2 γεύτηκα   I tasted
  3 επισκέφτηκα   I visited

37 *Translate into English:*
  1 Ο Κώστας και η Ελένη ήταν στη θάλασσα.
  2 Τα παιδιά γεύτηκαν το παγωτό.
  3 Ο ξένος χάθηκε στη Θεσσαλονίκη.
  4 Ο μικρός φοβήθηκε το αεροπλάνο.
  5 Η Μαρία παντρεύτηκε το Γιάννη.
  6 Η Χρύσω αρραβωνιάστηκε τον Ανδρέα.
  7 Λυπήθηκαν πολύ που έχασαν το τραίνο.
  8 Οι ξένοι κοιμήθηκαν στο ξενοδοχείο.
  9 Ο αδερφός μου ήρθε στην Αγγλία.
  10 Σήμερα επισκεφτήκαμε το μουσείο.

38 *Translate into Greek:*
  1 I visited the Acropolis yesterday.
  2 You got engaged on Sunday.
  3 They were married in July.
  4 They were at the theatre.
  5 My friends came from Cyprus.
  6 They visited Sounion.
  7 We slept in my brother's house.
  8 They lost their way in Athens.
  9 I was examined in Greek.
  10 They were pleased to be in Kerkyra.

Conjugation of the passive perfect tenses

Passive perfect	*Passive pluperfect*
(I have slept)	(I had slept)
έχω κοιμηθεί	είχα κοιμηθεί
έχεις κοιμηθεί	είχες κοιμηθεί
έχει κοιμηθεί	είχε κοιμηθεί
έχουμε κοιμηθεί	είχαμε κοιμηθεί
έχετε κοιμηθεί	είχατε κοιμηθεί
έχουν κοιμηθεί	είχαν κοιμηθεί

Passive future perfect	*Passive future pluperfect*
(I shall have slept)	(I would have slept)
θα έχω κοιμηθεί	θα είχα κοιμηθεί
θα έχεις κοιμηθεί	θα είχες κοιμηθεί
θα έχει κοιμηθεί	θα είχε κοιμηθεί
θα έχουμε κοιμηθεί	θα είχαμε κοιμηθεί
θα έχετε κοιμηθεί	θα είχατε κοιμηθεί
θα έχουν κοιμηθεί	θα είχαν κοιμηθεί

CONVERSATION

Χιονίζει τον Ιούλιο/Can it snow in July?

- Ωραία μέρα, ε;   'A fine day, isn't it?'
- Ωραία είναι σήμερα. Αλλά   'It's fine today. But
  χτές έβρεξε με το σταμνί.   yesterday it rained cats
     and dogs'.

- Ε, και; Χτες έβρεχε, τη νύχτα   'What of it? Yesterday it
  φυσούσε, και αύριο μπορεί να   rained, during the night it
  χιονίσει.   was blowing, and tomorrow
     it may snow'.

- Μή λές κουταμάρες. Μπορεί   'Don't speak nonsense. Can
  να χιονίσει τον Ιούλιο;   it snow in July?'
- Γιατί όχι; Κι όμως, αυτό   'Why not? Yes, it has
  έχει γίνει.   happened before'.
- Καλά. Αυτό μπορεί να γίνει   'Well, now. That may
  μια φορά στα **50** χρόνια.   happen once every 50 years'.

Αλήτικη γλώσσα/Not very refined language

- Κύριος!	'Mister!'
- Τί είναι;	'What?'
- Το τηλέφωνο.	'The phone'.
- Ποιό τηλέφωνο;	'What phone?'
- Δεν πλήρωσες το τηλέφωνο που έκανες.	'You didn't pay for the call you made'.
- Και τί μιλάς έτσι; Δεν πήγαινα να σου φάω το φράγκο. Το ξέχασα.	'And why do you speak like that? I didn't mean to rob you of your drachma. I just forgot'.

Lesson 14

26 The imperative

The imperative usually expresses command or request. In Greek there are four rules which must be followed in order to construct the imperative.

1 We change the final **-ω** of the indefinite (see section 13) into **-ε** and thus we have the imperative in the singular, i.e. we order or request someone to do something in the singular. This can be termed as the informal imperative:

Singular

γράψω→γράψε	write!
φέρω→φέρε	bring!
φύγω→φύγε	leave!
τραγουδήσω→τραγούδησε	sing!

2 We change the final **-ω** of the indefinite into **-ετε** and thus we get the second person plural. This can be called the formal imperative or the 'more polite' imperative:

Plural

γράψω→γράψετε	write!
φέρω→φέρετε	bring!
φύγω→φύγετε	leave!
τραγουδήσω→τραγουδήσ(ε)τε	sing!

3 To express request we normally use the second person singular or plural:

Θέλεις νερό;	Do you want water?
Μου φέρνεις κρασί;	Can you bring me wine?
Μου δίνεις δέκα λίρες;	Can you give me ten pounds?

4 The imperative is also formed by using the particle **'να'** in front of the second person singular or the second person plural of the indefinite:

Να έρθεις απόψε	You must come tonight
Να φύγετε αύριο	You must leave tomorrow
Να γράψεις τώρα	Write now

Vocabulary

αμέσως	immediately
γρήγορα	quickly
δίνω	I give
έρχομαι	I come
το κονιάκ	brandy
το πακέτο	parcel
το πιοτό	a drink
παλιός/ά/ό	old
πρέπει	should/must
τώρα	now
φεύγω	I leave
στέλλω	I send

Exercises

39 *Translate into English:*
1 Γράψε ένα γράμμα.
2 Στείλε το πακέτο.
3 Να πιείς κρασί.
4 Να φέρεις κονιάκ.
5 Να στείλεις το δώρο.
6 Να έρθεις νωρίς απόψε.
7 Να φιλήσεις τα παιδιά.
8 Φύγε γρήγορα.
9 Μίλησε στο Νίκο για το αυτοκίνητο.
10 Γράψε στη μητέρα σου.
11 Γράψετε στούς φίλους σας.
12 Μου δίνεις πέντε λίρες;
13 Θέλεις τη Μαρία;
14 Μου φέρνεις ένα μπουκάλι ρετσίνα;
15 Αγόρασέ μου ένα παγωτό.
16 Αγοράστε μου μια κόκκινη γραβάτα.
17 Φίλησε τον Ανδρέα.
18 Φίλησε τη Γιαννούλα.
19 Διάβασε το μάθημα αμέσως.
20 Να έρθετε όλοι μαζί στο σπίτι μου.

40 *Translate into Greek:*
1 Leave now!
2 Come at five o'clock.
3 Write to your mother.
4 Send this letter to my friend.
5 Send this parcel to Maria.

6 You must drink your coffee before you leave.
7 You must dance Zorba's dance tonight.
8 Come to our house.
9 Come for a drink one day.
10 Bring your wife and the children with you.
11 You should go and see this beautiful film.
12 You must go and drink at this taverna.
13 Buy me this tie please because I like it.
14 Sell this old car, it is no good.
15 Treat her to a few drinks.
16 Do you drink coffee, tea, or do you prefer a glass of brandy?
17 Do you smoke twenty cigarettes a day or every night?

CONVERSATION

Την έπαθε/Knock-out

- Το παιδάκι που παίζει εκεί ειναι δικό σας;
'Is the little boy who is playing over there yours?'

- Μάλιστα.
'Yes'.

- Πόσων χρονών είναι;
'How old is he?'

- Τριών.
'Three'.

- Τί λέτε; Μα αυτό φαίνεται πέντε!
'Really? But he looks five!'

- Νομίζετε;
'Do you think so?'

- Εμ, βέβαια. Είναι πολύ ψηλό. Πόσο ψηλό είναι;
'Sure. He's very tall. How tall is he?'

- Δεν το έχω μετρήσει τώρα τελευταία.
'I haven't measured him lately'.

- Και ψηλό, και καλοθρεμένο και καθαρά μιλάει.
'Tall, and well-fed, and he speaks clearly, too'.

- Το φέρνω στο πάρκο κάθε μέρα. Παίζει όλο το πρωί και μετά τρώει με όρεξη.
'I bring him to the park every day. He plays all morning and then he eats his dinner with great appetite'.

- Πόσην ώρα κάθεστε στο πάρκο;
'How long do you stay in the park?

- Από τις δέκα ώς τη μία.
'From ten o'clock to one'.

- Και ο άντρας σας; Δεν του μαγειρεύετε;
'And what about your husband? Don't you cook for him?'

- Μαγειρεύω το πρωί πριν φύγω από το σπίτι. Ξέρετε τί
'I cook in the morning before I leave home. Do

δουλειά κάνει ο άντρας μου;
- Πού να ξέρω;
- Είναι πρωτοπυγμάχος.
- Αλήθεια; Με συγχωρείτε.
  Εγώ πρέπει να πηγαίνω.

you know what my
husband's job is?'
'How should I know?'
'He's a champion boxer'.
'Really? Excuse me. I think
I must be going'.

Μαμά, θέλω.../Mummy, I want...

- Μανούλα, πεινάω.
- Πεινάς, χρυσό μου;
- Ναι, μανούλα. Θα μου πάρεις
  κουλούρι;
- Να. Πάρε μια δραχμή και
  πήγαινε ν' αγοράσεις ένα.
- Μανούλα, διψάω.
- Διψάς, χρυσό μου;
- Ναι, μανούλα. Θα μου πάρεις
  κόκα-κόλα;
- Όχι. Αν διψάς, πήγαινε στη
  βρύση να πιεις νεράκι.

- Δεν θέλω νεράκι. Θέλω
  κόκα-κόλα.
- Μην είσαι κακό παιδάκι.
- Μανούλα, θέλω...
- Τί θέλεις;
- Θέλω...
- Δεν θέλεις, τίποτε. Είναι ώρα
  να πάμε στο σπίτι για φαγητό
  και ύπνο.

'Mummy, I am hungry'.
'Are you hungry, dear?'
'Yes, mummy. Will you
buy me a bread-ring?'
'Here. Take a drachma and
go and buy one'.
'Mummy, I am thirsty'.
'Are you thirsty, dear?'
'Yes, mummy. Will you
buy me coca-cola?'
'No. If you are thirsty go
to the fountain and have
some water'.
'I don't want water. I want
coca-cola'.
'Don't be a bad boy'.
'Mummy, I want...'
'What do you want?'
'I want...'
'You want nothing. It's
time to go home for
dinner and bed'.

Δεν είναι δικό σου/It's not yours

- Κοίτα τί βρήκα. Ένα πορτοφόλι.

- Πορτοφόλι; Δικό μου είναι.
- Δεν είναι δικό σου. Κάποιος
  άλλος το έχασε.
- Είναι δικό μου, σου λέω.
- Εγώ θα το πάω στην αστυνομία
  κι αν είναι δικό σου πήγαινε
  να το πάρεις.

'Look what I've found.
A wallet'.
'A wallet? It's mine'.
'It's not yours. Somebody
else has lost it'.
'It's mine, I'm telling you'.
'I'll take it to the police
and if it is yours go and
claim it'.

Lesson 15

27 Present Participles

Participles indicate a continuous action without telling us how long that action went on for. For example, in English we say 'He left laughing'; the present participle is 'laughing', and is recognised as such because of the -ing ending used with another verb. In Greek, the present participle is formed by changing the final **-ω** of the active present tense into **-οντας**:

κλαίω → κλαίοντας	crying
γράφω → γράφοντας	writing
παίζω → παίζοντας	playing
πίνω → πίνοντας	drinking

However, if the verb is accented on the last syllable as in the examples below, then the ending is **-ώντας**:

μιλώ → μιλώντας	talking
φιλώ → φιλώντας	kissing
αγαπώ → αγαπώντας	loving
γελώ → γελώντας	laughing

NOTE: The present (or active) participle in Greek is followed by the personal pronoun, and is used to indicate manner and cause in addition to time.

More examples

Verb	Participle	
ανοίγω	ανοίγοντας	opening
αγοράζω	αγοράζοντας	buying
απαντώ	απαντώντας	answering
βγαίνω	βγαίνοντας	going out
βλέπω	βλέποντας	seeing
ευχαριστώ	ευχαριστώντας	thanking
ζητώ	ζητώντας	asking
θέλω	θέλοντας	wanting
κερδίζω	κερδίζοντας	winning
λαχταρώ	λαχταρώντας	longing
μένω	μένοντας	staying

Έφυγε κλαίοντας   He left crying
Ήρθε τραγουδώντας   He came singing
Έτρεχε στο πάρκο   She ran in the park laughing
Φάγαμε τα σουβλάκια μας μιλώντας   We ate our kebabs (while) talking
Διάβαζε πίνοντας τον καφέ του   He was reading (while) drinking his coffee

28 Past participles

Because these are formed in Greek from the passive, they are also called passive participles. Change the final **-τώ** or **-θώ** of the indefinite into **-μένος**:

φοβάμαι - φοβηθώ - φοβισμένος (afraid)
κουράζομαι - κουραστώ - κουρασμένος (exhausted)
κάθομαι - καθήσω - καθισμένος (seated)

NOTE: Passive or past participles are treated as adjectives, so must agree in gender, number and case with the noun they qualify.

Vocabulary

αισθάνομαι	I feel
αστειεύομαι	I joke
γίνομαι	I become
διαλέγω	I choose
επιστρέφω	I return
κλαίω	I cry
μουρμουρώ	I murmur
όλα τα είδη	all kinds
πλένομαι	I wash
το ποδήλατο	bicycle
πουλώ/πωλώ	I sell
σταματώ	I stop
ταξιδεύω	I travel

Exercises

41 *Translate into English:*
 1 Μένοντας στην Αθήνα για δύο εβδομάδες, γύρισε στην Αγγλία.
 2 Λαχταρώντας να δει την Ακρόπολη, πήγε στην Αθήνα.
 3 Θέλοντας να δουν την Κνωσσό, πήγαν στην Κρήτη.

4 Βλέποντας τα αρχαία μνημεία, συγκινήθηκαν.
5 Περπατούσαν, ζητώντας να βρουν το ταχυδρομείο.
6 Ξόδεψαν τα λεφτά τους, θέλοντας να δουν όλη την Ελλάδα.
7 Έφυγαν ευχαριστώντας τους φίλους τους.
8 Αγοράζοντας φρούτα, γύρισαν στο ξενοδοχείο.

42 *Translate into Greek:*
1 He left smoking.
2 He sat on the chair, crying all day.
3 He travelled by bicycle to his home, singing on the way.
4 They told us to go to the taverna, (while) joking.
5 Writing to his mother, he felt very happy.
6 Sending the present to his friend, he also wrote a letter.
7 Bringing all the fruit, I could not choose what to take.
8 Having bought all kinds of chocolates, I had no money.
9 Having sold my car, I became very rich.
10 Travelling to Greece, I saw many beautiful places.
11 Having seen so many things in Greece, I returned very enthusiastic.
12 Returning to London, I stopped at Paris.

43 *Translate into English:*
1 Έγραφε κλαίοντας.
2 Έφυγε απ·το σπίτι γελώντας.
3 Ήρθε στο σπίτι μουρμουρώντας.
4 Πουλώντας το σπίτι του, έφυγε για την Αγγλία.
5 Βλέποντας το Λονδίνο, επέστρεψε πίσω.
6 Αγοράζοντας ένα αυτοκίνητο, ήρθε στην Αθήνα.
7 Ακούοντας την Ελληνική μουσική, πήγε στην ταβέρνα.
8 Χορεύοντας στην ταβέρνα, κουράστηκε.
9 Βλέποντας την Ακρόπολη, έγραψε ένα βιβλίο.
10 Επιστρέφοντας στο σπίτι του, κοιμήθηκε.
11 Ξυπνώντας, ξυρίστηκε και πλύθηκε.
12 Φεύγοντας από την Ελλάδα, πήγε στην Κύπρο.

CONVERSATION

Μια Γνωριμία/A meeting

- Είστε Αγγλίδα;
- Μάλιστα είμαι Αγγλίδα, αλλά δέν γνωρίζω καλά τα Ελληνικά.
  Θέλω όμως να τα μάθω. Εσείς πρέπει να είστε Έλληνας.
- Μάλιστα. Είμαι Έλληνας. Μένω στην Αθήνα. Είμαι καθηγητής.
  Πόσον καιρό είστε στην Αθήνα;

- ´Ηρθα στην Αθήνα με τη φίλη μου πριν πέντε μέρες. Μας αρέσει η Ελλάδα πολύ. Θα μείνουμε εδώ για τρεις εβδομάδες. Μετά θα γυρίσουμε στο Λονδίνο.
- Τί είδατε στην Αθήνα ώς τώρα;
- Πήγαμε στην Ακρόπολη και είδαμε τον Παρθενώνα και το Ερέχθειο. Πήγαμε επίσης στο Αρχαιολογικό Μουσείο και στο Βυζαντινό Μουσείο.
- ´Εχετε πάει στις ταβέρνες;
- Ναί, πήγαμε χτες το βράδυ με μερικούς φίλους και ήπιαμε ρετσίνα. Ακούσαμε ελληνική μουσική στο μπουζούκι. Είδαμε μερικούς να χορεύουν και ενθουσιαστήκαμε.
- Πού σκοπεύετε να πάτε αύριο;
- Αύριο σκοπεύουμε να πάμε στην Αίγινα. Θα πάρουμε το πλοίο από τον Πειραιά.
- Θα θέλατε να έρθετε στο σπίτι μου να γνωρίσετε και την οικογένειά μου;
- Ναι. Θα χαρούμε πολύ. ´Ετσι θα μπορέσω να εξασκηθώ με τα Ελληνικά μου.
- Πολύ καλά. Να έρθετε την Πέμπτη το βράδυ στις οκτώ. Μένουμε στην οδό Καλλικράτη αριθμός 10.
- Ευχαριστώ πολύ. Χάρηκα πολύ που γνωριστήκαμε.
- Και εγώ επίσης. Γεια σας.
- Γεια σας. Θα σας δούμε την Πέμπτη.

Lesson 16

29 Adverbs

Those words which describe verbs are called adverbs. An example in English would be: 'He walked slowly'. The adverb here is 'slowly'; it describes *how* he walked. Many adverbs are complete words in their own right and they should be learned. The most common adverbs are the following:

εδώ	here	μπροστά	in the front
εκεί	there	αλλού	elsewhere
πάνω	above	τώρα	now
κάτω	below	μετά	later
πίσω	back	ποτέ	never

Examples

Μένω εδώ   I stay here
Πηγαίνω (πάω) εκεί   I go there
Τώρα τρώγω   I now eat
Μετά πίνω   Later I drink
Κοιτάζω αλλού   I look elsewhere

A rule, which of course does not apply to all the above, is that those adjectives which end in -ος can be converted into an adverb by changing their final ending into -α.

Examples

Adjective	Adverb	
ήσυχος	ήσυχα	quietly
καλός	καλά	well
εύκολος	εύκολα	easily
αριστερός	αριστερά	to the left
χαρούμενος	χαρούμενα	happily
δεξιός	δεξιά	to the right
δύσκολος	δύσκολα	with difficulty
λυπημένος	λυπημένα	sadly

Another rule is that those adjectives which end in **-ης** can be converted into an adverb by changing their ending into **-ως,** and those adjectives which end in **-υς** (there are very few) can become adverbs by changing their ending into **-ια:**

Adjectives ending in **-ης**	*Adverb*	
ευτυχής	ευτυχώς	happily = fortunately
ακριβής	ακριβώς	exactly
ειλικρινής	ειλικρινώς/ά	sincerely

Adjectives ending in **-υς**	*Adverb*	
βαθύς	βαθιά	deeply
μακρύς	μακριά	far
πλατύς	πλατιά	widely

Examples with adverbs

Ο Νίκος πηγαίνει εκεί   Nikos goes there
Περπατά γρήγορα   He walks quickly
Ήρθε αργά   He came late
Κοιμηθήκαμε ήσυχα   We slept quietly
Δον πήγε ποτέ   She never went
Πήγα αλλού   I went elsewhere
Ήρθε ακριβώς στις έξι   She came exactly at six
Βρήκε το δρόμο εύκολα   He found the way easily
Χορέψαμε σιγά   We danced quietly
Έφυγαν στις 12 ακριβώς   They left at 12 exactly
Η μουσική ακουόταν μακριά   The music could be heard far away
Έστριψε δεξιά   He turned right
Πήγε αριστερά   He went to the left

Vocabulary

αλλού	elsewhere
αφήνω	I leave (behind)
αργά	late
αφηρημένα	absent-mindedly
βρίσκω	I find
γρήγορα	quickly
δύσκολα	in difficulty
ετοιμάζω	I prepare
εύκολα	easily
κάτω	below
μαγειρεύω	I cook

μένω	I remain
μετά	after, later
τα νέα	the news
νωρίς	early
πάντα	always
παρακολουθώ	I watch
πίσω	back
ποτέ	never
προσεχτικά	carefully
στρίβω	I turn
η τηλεόραση	television

Exercises

44 *Translate into English:*
1 Ο Νίκος χόρεψε καλά ψές στήν ταβέρνα.
2 Η Δάφνη μαγείρεψε ωραία.
3 Η γιαγιά ετοίμασε γρήγορα το πρόγευμα.
4 Ο παππούς διάβαζε εφημερίδα, αφηρημένα.
5 Ο πατέρας έφυγε νωρίς σήμερα.
6 Η μητέρα καθάρισε προσεχτικά.
7 Τα παιδιά έπλυναν αμέσως τα χέρια τους.
8 Ο θείος και η θεία ήρθαν αργά.
9 ΄Εμειναν ευχαριστημένοι.
10 ΄Εφυγαν ικανοποιημένοι από το θέατρο.
11 Δεν καπνίζω ποτέ.
12 Πάντα παρακολουθώ τα νέα στην τηλεόραση.

45 *Translate into Greek:*
1 He went home late.
2 He came to the office early.
3 She left the taverna early.
4 He brought his daughter here.
5 She left her money elsewhere.
6 When she heard the news, she went back.
7 He drank coffee with her later.
8 He always loved her.
9 He saw the city below the Acropolis.
10 They found their way easily.
11 He turned to the left.
12 He danced the Syrtaki quickly.

30 Interrogative adverbs

These are words which are used at the beginning of the sentence and they introduce questions. Again, they are words in their own right and they should be learned.

πότε;	when?
πού;	where?
πώς;	how?
τί;	what?
γιατί;	why?
τίνος;	whose?
ποιός;	who? (*referring to masculine words*)
ποιά;	who? (*referring to feminine words*)
ποιό;	which? (*referring to neuter words*)
μήπως;	by any chance (I wonder if)

Examples

Πότε θα πας στήν Ελλάδα;   When will you go to Greece?
Πού θα μείνεις στην Αθήνα;   Where will you stay in Athens?
Τί θα φέρεις από την Κύπρο;   What are you going to bring from Cyprus?
Πώς θα ταξιδέψεις στην Κρήτη;   How will you travel to Crete?
Ποιός θα έρθει μαζί σου;   Who is coming with you?
Γιατί επισκέφτεσαι την Ελλάδα;   Why are you visiting Greece?
Τίνος είναι το αυτοκίνητο;   Whose is the car?

Conjugation of interrogative adverbs:

	Masculine		*Feminine*		*Neuter*	
Nom.	ποιός	ποιοί	ποιά	ποιές	ποιό	ποιά
Gen.	ποιού	ποιών	ποιάς	ποιών	ποιού	ποιών
Acc.	ποιόν	ποιούς	ποιάν	ποιές	ποιό	ποιά

Examples

Ποιός είναι;   Who is he?
Ποιού είναι;   Whose is it?
Ποιόν θέλετε;   Whom do you want?
Ποιοί είναι;   Who are they?
Ποιών είναι;   Whose are they?
Ποιούς θέλετε;   Whom do you want?
Ποιά είναι αυτή η κυρία;   Who is this lady?
Ποιάς είναι το παλτό;   Whose is the raincoat?

Ποιάν είδατε;   Whom did you see?
Ποιές είναι αυτές;   Who are these (ladies)?
Ποιών είναι τα καπέλα;   Whose are the hats?
Ποιές έφυγαν;   Who left?

Vocabulary

απορώ	I wonder if (*suggesting doubt*)
απόψε	tonight
άργησα	I was late
γυρίζω	I return
κατά τύχη	by any chance
λέγομαι	I am called
με, μαζί με	with
το περισσότερο	most
ο πρόεδρος	president
προτιμώ	I prefer
σε	at
συναντώ	I meet
η σούβλα	barbecue
ο τόπος	place
φορώ	I wear
φτάνω	I arrive

Exercises

46 *Translate into English:*
  1 Πότε θα γυρίσουν τα παιδιά;
  2 Πού θα φάμε απόψε;
  3 Πώς θά έρθουν από την Αγγλία;
  4 Ποιού είναι το ποδήλατο;
  5 Τί θα πιείτε, κύριε Σμίθ;
  6 Τί προτιμάτε, τσάι ή καφέ;
  7 Ποιός άλλος θα έρθει στο πάρτυ;
  8 Ποιό αεροπλάνο φτάνει απόψε;
  9 Γιατί άργησαν να έρθουν;
 10 Πού θα μείνουν στην Αθήνα;
 11 Τί θα φορέσει η κοπέλα απόψε;
 12 Πώς θα πάμε στην Επίδαυρο;

47 *Translate into Greek:*
  1 Where is Nikos?
  2 Where is Maria and her car?

3 Who is this man?
4 What is this place called?
5 Who is this woman with the blonde hair?
6 Is this man, by any chance, the President of Greece?
7 What time will you come tonight?
8 What time shall we meet?
9 What would you like to drink?
10 What would you like to eat?
11 What do you like most about Cyprus?
12 What did you see in Greece?
13 How are you travelling to Athens?
14 Where are you staying in Greece?
15 At which hotel are you staying?
16 Whose car is this?
17 Is this car yours by any chance?
18 Who will travel with you in the mountains?
19 Who will barbecue the lamb?
20 Who will eat the lamb and who will drink the brandy?

Lesson 17

31 Prepositions

To form expressions of time such as 'on Monday', 'in July', 'at night', in Greek we use the words **Δευτέρα, Ιούλιος, νύχτα** (i.e. the accusative).

For example:

Το βράδυ πηγαίνουμε για ύπνο   In the evening we go to bed
Τον Αύγουστο κάνει πολλή ζέστη   In August it is very hot

To show quantity of something, we put the accusative of the noun that describes the material after the word that shows the quantity,e.g.

ένα ποτήρι νερό	a glass of water
ένα πακέτο τσιγάρα	a packet of cigarcttes
ένα κιλό ζάχαρη	a kilo of sugar
πέντε δραχμές πιπέρι	five drachmas' worth of pepper
ένα κομμάτι ψωμί	a piece of bread

After prepositions we use the accusative. The most common prepositions are:

σε in, at, on, into, on to
από from, out of, since, of
για for, to, towards, about
με with, by, (**μαζί με** -with =together with)
μετά after, past
πριν before

Examples

Μένει στον Πειραιά με ένα θείο του.
Πηγαίνει από το σπίτι του στο γραφείο με τα πόδια.
Αυτό το ποδήλατο είναι για το Γιάννη.
Μιλούν για το καινούριο τους σπίτι.
Η Βουλιαγμένη είναι πριν τη Βάρκιζα.
Το σπίτι μας είναι μετά την εκκλησία.

Exercises

48 *Translate into English:*
1 Θέλω ένα πακέτο τσιγάρα κι ένα κουτί σπίρτα για τον πατέρα.
2 Το βράδυ πηγαίνω για ύπνο αργά. Μετά τα μεσάνυχτα.
3 Συνήθως πηγαίνει στο σχολείο με λεωφορείο. Σήμερα, όμως, πηγαίνει με τα πόδια. Η μέρα είναι όμορφη.
4 Το παιδί έχει ένα κομμάτι ψωμί στο χέρι.
5 Μένει στη Μύκονο με μια φίλη της. Πού μένεις;
6 Μένω στο Ελληνικό πριν το αεροδρόμιο.
7 Ο Γιώργος κάνει μεγάλες θυσίες για την αδερφή του.
8 Από πού είστε; Είμαστε από την Αγγλία.

49 *Translate into Greek:*
1 In July it is very hot.
2 Where are you staying? I am staying at a hotel past the station.
3 On Sundays they go to the seaside in their car.
4 I want roast lamb, salad and a bottle of beer.
5 He usually goes to work by taxi but today he is going on foot.
6 My birthday is on Monday. I want a bicycle for my birthday.

Vocabulary

το αεροδρόμιο	airport
αργά	late
ο Αύγουστος	August
η Βάρκιζα	Varkiza
το βράδυ	evening
η Δευτέρα	Monday
η δουλειά	work, job
η εκκλησία	church
το Ελληνικό	Ellinikon
η ζάχαρη	sugar
η θυσία	sacrifice
ο Ιούλιος	July
το κιλό	kilo
με το αυτοκίνητό τους	in their car
με τα πόδια	on foot
μεγάλος	great
μένω	I live, stay
τα μεσάνυχτα	midnight
μιλώ	I speak, talk

η μπύρα	beer
η Μύκονος	Mykonos
το ξενοδοχείο	hotel
πηγαίνω για ύπνο	I go to bed
το πιπέρι	pepper
το πόδι	foot
το σχολείο	school
συνήθως	usually
ο ύπνος	sleep

There are some more simple prepositions and a number of compound prepositions. The simple prepositions are:

με	with/by
σε	in, at, on, into, on to
για	for, to, towards, about
ώς	till, up to
σαν	like
προς	towards
πριν	before
μέχρι, ίσαμε	till, until, to
μεταξύ	between, among
χάριν	for the sake of
κατά	according to, towards, about
μετά	after
παρά	against, in spite of
αντί	instead of
από	from, out of, of, by, since
χωρίς	without
δίχως	without
εναντίον	against

Compound prepositions are formed with an adverb and one of the simple prepositions σε or από

with σε

γύρω σε	round
δίπλα σε	beside
κοντά σε	near
μέσα σε	in, into
πάνω σε	on, upon
πλάι σε	beside

with από

γύρω από	round
δίπλα από	beside
κάτω από	under, below
μέσα από	inside
πάνω από	over, above
μετά από	after
εμπρός από	in front of
έξω από	outside, out of

Prepositions are followed by the noun in the accusative. **Αντί, εναντίον, μεταξύ, χάριν** are the exceptions and are followed by the noun in the genitive. But for these, too, the language has a remedy. Very often we say **αντί για, ενάντια, ανάμεσα** or **μεταξύ σε** followed by the noun in the accusative, e.g.

῾Ηρθε ο Νίκος αντί του Χάρη (*or* αντί για το Χάρη).   Nicos came instead of Charis.
῎Εγινε μια συμφωνία μεταξύ της Αγγλίας και της Ελλάδας.   An agreement was reached between England and Greece (*genitive*).
But ῎Εγινε μια συμφωνία ανάμεσα στην Αγγλία και την Ελλάδα.
There was an agreement between England and Greece (*accusative*).

Study the following examples:

Πηγαίνω με το πλοίο (τραίνο, αεροπλάνο, αμάξι).	με	(by)
Πηγαίνω με το ποδήλατο (άλογο, τα πόδια, σκούτερ).	με	(on)
῎Αλλαξε τα δολλάρια μέ δραχμές.	με	(for)
Γελά με όλον τον κόσμο.	με	(at)
Ξεκίνησαν με την αυγή.	με	(at)
Μ' όλες τις δυσκολίες, έβγαλε το Πανεπιστήμιο.	μ' όλες	(for all)
Πήραμε από ένα.	από	(each)
Ελάχιστοι από τους θεατές χειροκρότησαν.	από	(of)
῎Ενα άγαλμα από μάρμαρο.	από	(of)
Πέθανε από...	από	(of/from)
Χόρευε από χαρά.	από	(with)
Το βιβλίο γράφτηκε από τον Σ.	από	(by)
Μεγαλύτερο από...	από	(than)
Περάσαμε από το δάσος.	από	(through)
῎Επεσε από τη σκάλα.	από	(off)
Κατά την παράσταση.	κατά	(during)
Κατά το μεσημέρι.	κατά	(about)

Κατά τύχη.	κατά	(by)
Κατά τους ειδικούς.	κατά	(according to)
Κατά τη θάλασσα.	κατά	(towards)
Κατά του εχθρού.	κατά	(against)
Οχτώ παρά δέκα.	παρά	(to)
Παρά το κρύο.	παρά	(in spite of)
Παρά τη θέλησή του.	παρά	(against)
Είναι περήφανος για το γιό του.	για	(of)
Μιλούν για το ταξίδι τους.	για	(about, of)
Πήγαινε εσύ για μένα.	για	(instead of)

32 'Formal' prepositions

Some prepositions of ancient Greek are still used in Modern Greek but mostly in set expressions and in formal language. These are:

ανά every, e.g. ανά πέντε λεπτά (every five minutes)
διά by, e.g. διά ξηράς (by land)
εις = σε
εκ or εξ from/of, e.g. εξ Αθηνών (from Athens)
  Πέθανε εκ συγκοπής (He died of heart failure)
εν or σε: these are used in many set expressions
επί = 1 at the time of, during, e.g. επί Καποδίστρια (at the
  time of Capodistrias)
  2 concerning, on, e.g. Διαφώνησαν επί του θέματος της
  πληρωμής (They disagreed on the question of payment)
  3 (multiplied) by, e.g. τρία επί τέσσερα (3 multiplied by 4)
περί about, e.g. μιλώ περί (I speak about)
  περί τους πενήντα (about 50)
προ before/ago, e.g. προ του γάμου του (before his marriage)
  προ μηνός (a month ago)
συν plus (in adding) e.g. τρία συν πέντε (3 plus 5)
υπέρ for, e.g. μιλώ υπέρ (speak for)
υπό under, below, e.g. υπό την αρχηγία (under the leadership)
άνευ without, e.g. άνευ της συγκατάθεσής του (without his consent)
ένεκα because of, e.g. ένεκα της κακοκαιρίας (because of bad weather)
ενώπιον before, e.g. ενώπιον του δικαστή (before the judge)

Study the following expressions:

απευθείας	directly, straight
αφ' ενός	on the one hand
αφ' ετέρου	on the other hand
αφ' εαυτού του	of itself (or any-self form)
εκ του πλησίον (συστάδην)	from a short distance
εξ όψεως	by sight
εξ αιτίας	because of
εξ ακοής	from hearsay
εξ ανάγκης	from necessity
κρίνω εξ ιδίων	judge from myself
εξ αριστερών	(on the) left
εκ δεξιών	(on the) right
εξ αρχής	right away, from the beginning
ως εκ τούτου	for this reason
εκ τών προτέρων	beforehand, in advance
εκ των υστέρων	afterwards
εκ του μηδενός	from nothing at all
είμαι εν αγνοία	I am unaware
είμαι εν γνώσει	I am aware
εις υγείαν	here is to your health
επί του προκειμένου	on the question in hand
επί πιστώσει	on credit
επί τόπου	on the spot
επι τη ευκαιρία	by the way, on the occasion of
επί τάπητος	on the carpet, under discussion
υπό την αρχηγία	under the leadership
υπό την προστασία	under the protection
υπό την επίβλεψη	under the supervision
υπό τον όρον	on condition (that)
υπό συζήτηση	under discussion
υπό μορφήν	in the form
υπό το μηδέν	below zero
εν στολή	in uniform
εν συντομία	in short
εν τω συνόλω	on the whole
εν περιλήψει	in short
εν σχέσει	concerning
εν τούτοις	yet, still, however
εν καιρώ	in time of
εν συνόλω	in all
εν χρήσει	in use
εν ανάγκη	if need be
εν πρώτοις	at first
εν τέλει	finally

εις χρήμα	(in) cash
εις βάρος μου	at my expense
εις χρυσόν	in gold
κατ' ευχήν	as one wishes
επ' ονόματι	on behalf of
μετα δυσκολίας	with difficulty
μετα βίας, μετά χαράς	with pleasure
μετά προσοχής	carefully
συν τω χρόνω	by the time

Lesson 18

33 Conjunctions

Conjunctions, as in all languages, connect words or sentences. For example: ο Πέτρος και η Ελένη (Peter and Helen). Conjunctions are words in their own right and must be learned:

όταν	when
ότι	that
αφού	since (after)
και	and
αλλά	but
πως, που	that
επειδή, γιατί, διότι	because
καθώς	as
να	that, to
αν	if
πριν	before
όπου	where
ενώ	while
όμως, ωστόσο	however
μετά, έπειτα, ύστερα	after
μέχρι, ώσπου	until
ίσως, μπορεί	in case, in the hope that, perhaps
άνκαι, παρόλο	although
μόλις	as soon as

Examples

Φύγαμε όταν τελείωσε το φίλμ.   We left when the film ended
Είπε ότι επισκέφτηκε την Ελλάδα.   He said that he visited Greece
Ήρθε αλλά έφυγε νωρίς.   She came but left early
Έλα για καφέ, αν θέλεις.   Come for a coffee, if you like (want)
Πάμε στην ταβέρνα αφού είσαι εδώ.   Let's go to the taverna since you are here

Vocabulary

αργώ	I am late
βγαίνω έξω	I come out (step out)
επισκέφτομαι	I visit
κερδίζω	I win
το κολλέγιο	college
κρατώ	I hold
κτυπώ	I ring
το μυθιστόρημα	novel
ξεκινώ	I start, set off
ξεχνώ	I forget
οδηγώ	I drive
παίζω	I play
περιγράφω	I describe
περιμένω	I wait
πληρώνω	I pay
σπάζω	I break
στην ώρα	in time
οι συγγενείς	relatives
συμφωνώ	I agree
το ταξί	taxi
φτάνω	I arrive
φεύγω, αναχωρώ	I leave
τα χαρτιά	cards (gaming)
η χώρα, η πατρίδα	country

Exercises

50 *Translate into English:*
1 Έφαγαν όταν ήρθαν όλοι οι συγγενείς.
2 Μας είπαν ότι θα πάνε στο θέατρο.
3 Αγόρασε νέο αυτοκίνητο αφού κέρδισε λεφτά.
4 Η γιαγια και ο παππούς κοιτάζουν τηλεόραση.
5 Ξεκίνησαν στις δέκα το πρωί αλλά άργησαν να έρθουν.
6 Η Μαρία είπε πως θα πάει στο κολλέγιο.
7 Το βιβλίο που κρατάς είναι μυθιστόρημα.
8 Έφυγε επειδή δεν ήρθε στην ώρα.
9 Έτρωγαν καθώς κτύπησε το τηλέφωνο.
10 Ο Γιάννης μας περίγραψε τί είδε στην Ελλάδα.
11 Θέλει να στείλει ένα πακέτο.
12 Πήγε στην Ελλάδα, όμως ξέχασε να επισκεφτεί το Μουσείο.

51 *Translate into Greek:*
1 She went where they agreed to meet.
2 He smoked while driving.
3 They ate and later played cards.
4 We waited until she came.
5 We stayed at home in case they came.
6 They ate the food although they did not like it.
7 We saw them as soon as they stepped out of the aeroplane.
8 You pay the taxi when you arrive.
9 I said that Greece is one of the most beautiful countries.
10 I waited but she did not come.
11 She did not come because her car broke down.
12 I did not know what to do.

CONVERSATION

Στο ξενοδοχείο/At the hotel

- Καλήμερα σας, κύριε. Μπορώ νά σας εξυπηρετήσω;
- Καλημέρα σας. Ενδιαφέρομαι να κρατήσω δύο δωμάτια.
- Τί προτιμάτε, διπλά ή μονά δωμάτια;
- Όχι, προτιμώ ένα διπλό δωμάτιο για μένα και τη γυναίκα μου, και ένα διπλό για τα δύο παιδιά μας.
- Πολύ ωραία. Στο δεύτερο όροφο έχουμε διαθέσιμα δύο διπλά δωμάτια.
- Πόσο θα κοστίσουν και τα δύο δωμάτια;
- Θα κοστίσουν χίλιες δραχμές και τα δύο.
- Μήπως η τιμή περιλαμβάνει και πρόγευμα;
- Όχι, δυστυχώς. Αν θέλετε και πρόγευμα θα πληρώσετε εκατό δραχμές για το κάθε άτομο.
- Εντάξει. Θα έχουμε και πρόγευμα. Θέλετε να πληρώσουμε τώρα ή στο τέλος;
- Μπορείτε να πληρώσετε στο τέλος της παραμονής σας. Απλώς υπογράψτε εδώ και αφήστε τα διαβατήριά σας.
- Οι βαλίτσες μας είναι στο διάδρομο.
- Εντάξει. Ο μικρός θα πάρει τις βαλίτσες σας πάνω στα δωμάτιά σας. Σας ευχόμαστε καλές διακοπές στην Ελλάδα και ευχάριστη διαμονή στο ξενοδοχείο μας.
- Ευχαριστώ. Ευχαριστούμε.

There are some verbs, used in Demotic Greek, that are comprised of an ancient preposition (which is known today as a prefix) and a verb, e.g.

prefix   verb
εκ   +   δίδω = εκδίδω   issue

αμφί - αμφιβάλλω	doubt
ανά - αναπτύσσω	develop
αντί - αντιστρέφω	revert
από - αποφεύγω	avoid
διά - διαλύω	dissolve
εις - εισχωρώ	intrude, penetrate
εκ - εκδίδω	issue
εν - εγκρίνω	approve
εμπνέω	inspire
εντείνω	intensify, strain
επί - επιτρέπω	allow
κατά - καταστρέφω	destroy, ruin
μετά - μεταφράζω	translate
παρά - παραβλέπω	overlook
περί - περιφέρω	carry about
προ - προτρέπω	exhort, urge
προς - προστρέχω	run up to
συν - συγκρίνω	compare
συμβαίνει	it happens
συνδέω	link, join
υπέρ - υπερβάλλω	exaggerate
υπό - υποτάσσω	conquer, subdue

Exercise

52 *Translate into English*

1 Ο σεισμός μετάτρεψε την πόλη σε ερείπια.
2 Ο δεύτερος παγκόσμιος πόλεμος εξερράγη το 1939.
3 Ο ομιλητής αναφέρθηκε στους αγώνες του έθνους.
4 Μετά την πτώχευση όλος ο κόσμος τον απόφευγε.
5 Οι πυροσβέστες κατάβαλαν μεγάλες προσπάθειες να σβύσουν τη φωτιά.
6 Όλοι ξέραμε ότι ως συνήθως υπέρβαλλε.
7 Ο καθηγητής ανακοίνωσε ότι οι εξετάσεις θα γίνουν τον Ιούνιο.

8 Το νέο φάρμακο συνέβαλε στη γρήγορη ανάρρωσή του.
9 Μας πρόσφεραν φαγητό και κρασί.
10 Η κυβέρνηση δεν ενέκρινε την αύξηση των μισθών.

Vocabulary

ο αγώνας	struggle
ανακοινώνω	announce
η ανάρρωση	recovery
αναφέρομαι	refer
αστραπιαίως - α	like lightning
η αύξηση	increase
η βάση	base
το δοχείο	container
το έθνος	nation
εξερράγη	it broke out
έπιασε η βροχή	it began raining
συμβάλλω	contribute
τα ερείπια	ruins
καταφεύγω	shelter
η κραυγή	cry, shout
μετατρέπω	change into
μεταδίδομαι	spread
ο μισθός	salary
ο ομιλητής	speaker
περιέχω	contain
παγκόσμιος	world (*adj.*)
η προσπάθεια	effort
η πτώχευση	bankruptcy
ο πυροσβέστης	fireman
σβύνω (φωτιά)	put out (fire)
ο σεισμός	earthquake
η φωτιά	fire
η τιμιότης -ητα	honesty
το φάρμακο	medicine, remedy
ως συνήθως	as usual
καταβάλλω προσπάθεια	make an effort

CONVERSATION

Στο εστιατόριο/At the restaurant

- Γκαρσόν, τον κατάλογο, παρακαλώ.
- Ορίστε, κυρία. Διατάξ(ε)τε ό,τι προτιμάτε.
- Τί έχετε σήμερα;
- Σήμερα έχουμε ωραιότατο αρνάκι ψητό και φρέσκα ψάρια. Έχουμε φρέσκο μπαρμπούνι, αν σας αρέσει. Θέλετε να πιείτε κάτι προτού αρχίσετε;
- Ναί, φέρ(ε)τε μας ενα μπουκάλι ρετσίνα παγωμένη καί μια πορτοκαλάδα.
- Αποφασίσατε τί θα πάρετε;
- Εγώ θα πάρω (φάω) αρνάκι ψητό, η Μαρία προτιμά ψάρι μπαρμπούνι και ο Χριστόφορος προτιμά σουβλάκια.
- Ορίστε τα φαγητά σας. Καλή όρεξη. Μήπως θέλετε τίποτε άλλο να σας φέρω;
- Ναί, μια χωριάτικη σαλάτα.
- Τί φρούτο θέλετε να πάρετε;
- Να μας φέρετε ροδάκινα, κεράσια, πορτοκάλια, πεπόνι και καρπούζι.
- Θέλετε καφέ;
- Μάλιστα, ένα μέτριο ελληνικό καφέ για μένα και ένα γλυκό για τη φίλη μου. Και μια κόκα-κόλα για το Χριστόφορο.
- Ορίστε τους καφέδες σας και την πορτοκαλάδα σας.
- Μπορώ να έχω το λογαριασμό, παρακαλώ;
- Ο λογαριασμός σας, κυρία. Είναι εξακόσιες δραχμές.
- Ορίστε εφτακόσιες. Κρατήστε τα ρέστα. Το φαγητό ήταν υπέροχο.
- Ευχαριστώ, κυρία.
- Αντίο σας. Και ευχαριστούμε.
- Στο καλό. Στο καλό.

Lesson 19

34 The days of the week and the months

Days: all days are feminine except Saturday which is neuter

η Κυριακή	Sunday
η Δευτέρα	Monday
η Τρίτη	Tuesday
η Τετάρτη	Wednesday
η Πέμπτη	Thursday
η Παρασκευή	Friday
το Σάββατο	Saturday

Months: all months are masculine

ο Ιανουάριος	January
ο Φεβρουάριος	February
ο Μάρτιος	March
ο Απρίλιος	April
ο Μάιος	May
ο Ιούνιος	June
ο Ιούλιος	July
ο Αύγουστος	August
ο Σεπτέμβριος	September
ο Οκτώβριος	October
ο Νοέμβριος	November
ο Δεκέμβριος	December

Examples in the present tense

Την Κυριακή πηγαίνω εκκλησία	On Sunday I go to church
Τη Δευτέρα πηγαίνω στη δουλειά	On Monday I go to work
Την Τρίτη διαβάζω το περιοδικό	On Tuesday I read the magazine
Το πρωί διαβάζω την εφημερίδα	In the morning I read the newspaper
Το πρωί τρώγω το πρόγευμά μου	In the morning I eat my breakfast

Examples in the future tense

Το Μάρτιο θα πάω στην Ελλάδα   In March I shall go to Greece
Τον Αύγουστο θα πάμε στην Κύπρο   In August we shall go to
Cyprus
Απόψε θα φάμε σουβλάκια   Tonight we shall eat kebabs
Το Δεκέμβριο θα μείνω στο Λονδίνο   In December I shall stay in
London
Το Σάββατο θα πάμε στο θέατρο   On Saturday we shall go to the
theatre

Examples in the past tense

Τον Ιούλιο πήγα στην Κέρκυρα   In July I went to Corfu
Το Σεπτέμβριο πήγαμε στη Μύκονο   In September we went to
Mykonos
Ψες ήπιαμε ρετσίνα   Last night we drank retsina
Χτες είδαμε ένα φίλμ   Yesterday we saw a film
Την Παρασκευή μείναμε στο χωριό   On Friday we stayed in the
village

35 Numbers

Cardinal numbers		*Ordinal numbers*	
ένας, μια, ένα	1	πρώτος,-η,-ο	1st
δύο (δυο)	2	δεύτερος,-η,-ο	2nd
τρεις, τρία	3	τρίτος	3rd
τέσσερεις/ρα	4	τέταρτος	4th
πέντε	5	πέμπτος	5th
έξι	6	έχτος	6th
επτά (εφτά)	7	έβδομος	7th
οκτώ (οχτώ)	8	όγδοος	8th
εννέα (ενιά)	9	έννατος	9th
δέκα	10	δέκατος	10th
ένδεκα	11	ενδέκατος	11th
δώδεκα	12	δωδέκατος	12th
δεκατρείς (τρία)	13	δέκατος τρίτος	13th
δεκατέσσερεις/α	14	δέκατος τέταρτος	14th
δεκαπέντε	15	δέκατος πέμπτος	15th
δεκαέξι	16	δέκατος έχτος	16th
δεκαεφτά/δεκαεπτά	17	δέκατος έβδομος	17th
δεκαοχτώ	18	δέκατος όγδοος	18th
δεκαεννέα	19	δέκατος έννατος	19th
είκοσι	20	εικοστός	20th

Hugo's Modern
Greek

p. 109
    It's somewhat incongruous
to have ΕΦΤΑΚΟΣΙΑ '700'

    but ΟΚΤΑΚΟΣΙΑ '800'

A congruous idiolect
(or style, for I have
  both φτ/ht and χτ/kt)
would go either
      ΕΦΤΑΚΟΣΙΑ } 'inherited'
      ΟΧΤΑΚΟΣΙΑ } clusters

          or,   learned or
      ΕΠΤΑΚΟΣΙΑ } 'restored'
      ΟΚΤΑΚΟΣΙΑ } clusters

January 1987	February 1987	March 1987	April 1987	May 1987	June 1987
S M T W T F S	S M T W T F S	S M T W T F S	S M T W T F S	S M T W T F S	S M T W T F S
1 2 3	1 2 3 4 5 6 7	1 2 3 4 5 6 7	1 2 3 4	1 2	1 2 3 4 5 6
4 5 6 7 8 9 10	8 9 10 11 12 13 14	8 9 10 11 12 13 14	5 6 7 8 9 10 11	3 4 5 6 7 8 9	7 8 9 10 11 12 13
11 12 13 14 15 16 17	15 16 17 18 19 20 21	15 16 17 18 19 20 21	12 13 14 15 16 17 18	10 11 12 13 14 15 16	14 15 16 17 18 19 20
18 19 20 21 22 23 24	22 23 24 25 26 27 28	22 23 24 25 26 27 28	19 20 21 22 23 24 25	17 18 19 20 21 22 23	21 22 23 24 25 26 27
25 26 27 28 29 30 31		29 30 31	26 27 28 29 30	24 25 26 27 28 29 30	28 29 30
				31	

July 1987	August 1987	September 1987	October 1987	November 1987	December 1987
S M T W T F S	S M T W T F S	S M T W T F S	S M T W T F S	S M T W T F S	S M T W T F S
1 2 3 4	1	1 2 3 4 5	1 2 3	1 2 3 4 5 6 7	1 2 3 4 5
5 6 7 8 9 10 11	2 3 4 5 6 7 8	6 7 8 9 10 11 12	4 5 6 7 8 9 10	8 9 10 11 12 13 14	6 7 8 9 10 11 12
12 13 14 15 16 17 18	9 10 11 12 13 14 15	13 14 15 16 17 18 19	11 12 13 14 15 16 17	15 16 17 18 19 20 21	13 14 15 16 17 18 19
19 20 21 22 23 24 25	16 17 18 19 20 21 22	20 21 22 23 24 25 26	18 19 20 21 22 23 24	22 23 24 25 26 27 28	20 21 22 23 24 25 26
26 27 28 29 30 31	23 24 25 26 27 28 29	27 28 29 30	25 26 27 28 29 30 31	29 30	27 28 29 30 31
	30 31				

24

Thursday
September
1987

Rosh Hashanah

7:00	
7:30	
8:00	
8:30	
9:00	
9:30	
10:00	
10:30	
11:00	
11:30	
12:00	
1:00	
1:30	
2:00	
2:30	
3:00	
3:30	
4:00	
4:30	

August 1987	September 1987	October 1987
S M T W T F S	S M T W T F S	S M T W T F S
1	1 2 3 4 5	1 2 3
2 3 4 5 6 7 8	6 7 8 9 10 11 12	4 5 6 7 8 9 10
9 10 11 12 13 14 15	13 14 15 16 17 18 19	11 12 13 14 15 16 17
16 17 18 19 20 21 22	20 21 22 23 24 25 26	18 19 20 21 22 23 24
23 24 25 26 27 28 29	27 28 29 30	25 26 27 28 29 30 31
30 31		

είκοσι ένα	21	εικοστός πρώτος, - η, -ο	21st
τριάντα	30	τριακοστός	30th
σαράντα	40	τεσσαρακοστός	40th
πενήντα	50	πεντηκοστός	50th
εξήντα	60	εξηκοστός	60th
εβδομήντα	70	εβδομηκοστός	70th
ογδόντα	80	ογδοηκοστός	80th
ενενήντα	90	ενενηκοστός	90th
εκατόν	100	εκατοστός	100th
εκατόν δέκα	110	εκατοστός δέκατος	110th
διακόσιοι,-ες,-α	200	διακοσιοστός	200th
τριακόσια	300	τριακοσιοστός	300th
τετρακόσια	400	τετρακοσιοστός	400th
πεντακόσια	500	πεντακοσιοστός	500th
εξακόσια	600	εξακοσιοστός	600th
εφτακόσια	700	εφτακοσιοστός	700th
οκτακόσια	800	οκτακοσιοστός	800th
εννιακόσια	900	εννιακοσιοστός	900th
χίλια	1000	χιλιοστός	1000th
δύο χιλιάδες	2000		
τρεις χιλιάδες	3000		
τέσσερεις χιλιάδες	4000		

NOTE 1 In ordinal numbers of two or more figures, all the figures are made ordinal, not - as in English - only the last one, e.g.

Διακοσιοστός εξηκοστός όγδοος = 268th
Δέκατος έβδομος = 17th

NOTE 2 Ordinal numbers are variable, with endings like those of adjectives, as are cardinal numbers from 200 to 1000, e.g.

21ος	= Εικοστός πρώτος	21st (*masculine*)
21η	= Εικοστή πρώτη	21st (*feminine*)
21ο	= Εικοστό πρώτο	21st (*neuter*)

NOTE 3 After hundreds, no equivalent to 'and' is used, e.g.

Εκατον είκοσι = A hundred and twenty

Exercises

53 *Read the following aloud and then write them out in full:*
42; 87; 563; 741; 999; 1,448; 2,111; 2,012; 7,522; 9,302; 18,748; 73,875; 149,257; 568,102; 803,900; 913,100

54 *Read aloud and then translate:*
1 Ποιά είναι η οδός Αμερικής; - Η τρίτη οδός δεξιά.
2 Εισπράκτορα, πού είναι το Μουσείο; - Η έκτη στάση απ'
εδώ.
3 Το σπίτι μου είναι στο δεύτερο δρόμο αριστερά.
4 Έχεις 450,000 δραχμές στην τράπεζα.
5 Υπάρχουν 100,000 σπίτια σ' αυτή την πόλη.
6 Ο Αδάμ ήταν ο πρώτος άνθρωπος στη γή.
7 Το τέταρτό του παιδί είναι κορίτσι.
8 Αυτή είναι η τελευταία φράση αυτής της άσκησης.
9 Ο Γιώργος είναι ο πρώτος μαθητης στην τάξη.
10 Κερδίζω 25,000 δραχμές το μήνα.

36 Telling the time

Τί ώρα είναι;	What time is it?
Είναι πέντε	It is five o'clock
Είναι έξι και δέκα	It is ten past six
Είναι οχτώ παρά τέταρτο	It is a quarter to eight
Είναι δεκάμιση	It is half past ten
Είναι δώδεκα ακριβώς	It is twelve exactly
Είναι μιάμιση	It is half past one
Είναι τρείς και είκοσι	It is twenty past three

Vocabulary

και	and, plus, past
παρά	less, minus
το λεπτό	minute
παρακαλώ	please
το τέταρτο	quarter

Exercises

55 *Translate into English:*
1 Την Κυριακή πηγαίνω στη θάλασσα.
2 Την Πέμπτη τρώγω (τρώω) σουβλάκια.
3 Το Νοέμβριο πήγα στήν Κρήτη.
4 Τό Μάιο πήγαμε στη Ρόδο.

5 Την Τετάρτη θα πάμε στο χωριό.
6 Απόψε θα φάμε στο εστιατόριο.
7 Αύριο θα δούμε ένα φίλμ.
8 Το Σάββατο θα μείνουμε στο σπίτι.
9 Την Κυριακή θα διαβάσουμε το περιοδικό.
10 Το Σεπτέμβριο τα παιδιά θα πάνε στο σχολείο.

56 *Translate into Greek:*
1 I went to the sea.
2 You went to the taverna.
3 He went to the restaurant.
4 We ate roast lamb.
5 In July we shall go to Aegina.
6 We shall stay in a hotel.
7 We shall buy Greek presents.
8 We shall send cards.
9 They ate at the taverna.
10 They danced all night.

NOTE When we use any noun with the verb in a time phrase, the noun is always in the accusative, e.g.

Την Κυριακή πήγα On Sunday I went
Τη Δευτέρα χόρεψα On Monday I danced

REMEMBER   We always use the verb + the accusative except the verb **είμαι** 'to be' which is followed by the nominative, e.g. **Είμαι δάσκαλος** I am a teacher

CONVERSATION

Στην Τράπεζα/At the bank

- **Καλημέρα κυρία Αλεξάνδρου. Πού πηγαίνετε πρωί-πρωί;**
- **Καλημέρα, κύριε Νικολαΐδη. Πάω στην Τράπεζα.**
- **Σε ποιά Τράπεζα πηγαίνετε;**
- **Θα πάω στην πιο κοντινή γιατί θέλω να εξαργυρώσω μια επιταγή και μερικά δολλάρια.**
- **Η Εθνική Τράπεζα της Ελλάδας είναι στον επόμενο δρόμο, στα δεξιά.**
- **Ευχαριστώ. Χαίρετε.**
- **Χαίρετε.**

(Στην Τράπεζα)
Υπάλληλος: **Καλημέρα σας, κυρία. Μπορώ να σας εξυπηρετήσω;**
Κυρία Αλεξάνδρου: **Καλημέρα σας, κύριε. Πού μπορώ να εξαργυρώσω μια επιταγή, παρακαλώ;**
- **Μπορείτε να την εξαργυρώσετε εδώ.**
- **Πόσες δραχμές πάει η λίρα της Αγγλίας σήμερα; Και πόσο πάει το δολλάριο Αμερικής;**
- **Η αγγλική λίρα πάει εκατόν τριάντα δραχμές και το αμερικάνικο δολλάριο πάει ογδόντα πέντε δραχμές.**
Πόσες λίρες και πόσα δολλάρια θέλετε ν' αλλάξετε;
- **Η επιταγή είναι εκατό λίρες. Έχω και εκατο δολλάρια.**
- **Το διαβατήριό σας, παρακαλώ.**
- **Ορίστε την επιταγή, τα δολλάρια και το διαβατήριό μου.**
- **Υπογράψτε εδώ, παρακαλώ. Πηγαίνετε τώρα στο ταμείο να πάρετε τα λεφτά σας.**
- **Πού είναι το ταμείο;**
- **Πιο κάτω, στ' αριστερά.**
- **Σας ευχαριστώ. Χαίρετε.**
- **Χαίρετε, κυρία.**

Lesson 20

37 Writing letters (formal and informal)

Vocabulary

αγαπητέ	Dear *(referring to men)*
αγαπητή	Dear *(referring to women)*
τα αξιοθέατα	sights
απασχολημένος/η/ο	to be busy
το άτομο, το πρόσωπο	the person
βλέπω	I see
ο γνωστός, ο φίλος	acquaintance
το γράμμα	letter
διαφωνώ	I disagree
η δεσποινίδα, δεσποινίς	Miss
δικός σας	Yours
διευθετώ, κανονίζω	I arrange
επισκέφτομαι	I visit
ειλικρινά, φιλικά	Yours sincerely
η έκπτωση	discount
ο εξάδελφος, η εξάδελφη	cousin
η επίσκεψη	visit
το θέμα, το ζήτημα	the subject
το καλοκαίρι	summer
κρατώ, κλείω δωμάτιο	I book
η κυρία	Mrs or Madam
ο κύριος	Mr or Sir
μπορώ	I am able (I can)
δεν μπορώ	I am unable (I cannot)
μετα τιμής	Yours faithfully
με αγάπη	With love
το νησί, η νήσος	island
πάντα δικός σας	Yours ever
πάντα δικός σας, με παντοτινή αγάπη	Always yours
το περιεχόμενο	content
το πεύκο	pine tree
πήρα	I received
πληροφορώ	I inform
προκρατώ	I book in advance
σημείωσα (πρόσεξα)	I noted

113

στέλλω	I send
συζητώ	I discuss
συμφωνώ	I agree
ο συγγενής	relation
σχετικά με	concerning
σχετικά, ανάλογα	respective
τηλεφωνώ	I telephone
φαντάζομαι, καταλαβαίνω	I imagine
χαιρετισμούς στον/στην...	Greetings (regards) to
το χωράφι, ο αγρός	field
φιλικά, με φιλία	In friendship

Study carefully the two letters which follow and note the differences in manner and tone of (a) a friendly letter and (b) a formal letter.

(a)   Λονδίνο, **12 Μαρτίου 1983**
Αγαπητέ μου εξάδελφε Παναγιώτη,
    Με μεγάλη χαρά πήρα το γράμμα σου. Η Βασούλα, ο Χρίστοφας και εγώ χαρήκαμε πολύ που είστε όλοι καλά.
    Πώς είναι οι δουλειές τώρα το καλοκαίρι; Τί κάνει η Δέσποινα; Φαντάζομαι να είναι απασχολημένη με τις αγελάδες στη φάρμα. Η Αλίκη, πότε θα παντρευτεί; Η μικρή Μαργαρίτα θα πηγαίνει στο σχολείο. Τί κάνουν οι άλλοι συγγενείς; Ο Γιώργος θα είναι σωστός άντρας τώρα. Μια και έχει τελειώσει τη θητεία του στο στρατό, θα σας βοηθάει με τις δουλειές σας.
    Τον Ιούλιο σκοπεύουμε νά έρθουμε στην Κύπρο. Θέλουμε να θαυμάσουμε το γαλανό ουρανό, τη θάλασσα, τα βουνά, τίς υπέροχες ταβέρνες του νησιού, μα, πιο πολύ, να σας ξαναδούμε, να θυμηθούμε τα παλιά, και να διασκεδάσουμε μαζί.
    Δώσε πολλούς χαιρετισμούς στη γυναίκα σου, στα παιδιά, σ' όλους τους συγγενείς και φίλους στο χωριό.
    Θα περιμένω νέα σου.
                              Πάντα με αγάπη,
                              Ο εξάδελφός σου Ζαννέτος

(b)
Κύριον Πέτρον Νικολόπουλον,
Οδός Ομήρου 24,
Αθήνα.
                                           Λονδίνο, **12 Μαρτίου 1983**
Αγαπητέ Κύριε Νικολόπουλε,
    Πήρα το γράμμα σας ημερομηνίας **26 Φεβρουαρίου 1983** και σας ευχαριστώ.
    Σχετικά με την επίσκεψη του Κολλεγίου **σας** στο Λονδίνο, σας πληροφορώ τα ακόλουθα: Το ξενοδοχείο μας **θα σας κάνει**

έκπτωση για τους 50 μαθητές σας αφού προκρατήσετε τα ανάλογα δωμάτια, εγκαίρως. Θα σας κοστίσει 10 λίρες για δωμάτιο και πρόγευμα, για το κάθε άτομο. Το ξενοδοχείο μας βρίσκεται στο κέντρο του Λονδίνου. Έτσι, μπορείτε, εύκολα, να επισκεφθείτε όλα τα αξιοθέατα.
Παρακαλώ, να μας γράψετε το αργότερο μέχρι της 25ης Απριλίου 1983, αν θέλετε να σας κρατήσουμε τα δωμάτια για τις δυο τελευταίες εβδομάδες του Αυγούστου.

Μετά τιμής,
Γιάννης Σμίθ
Διευθυντής

CONVERSATION

Στο περίπτερο/At the kiosk

- Καλημέρα σας.
- Καλημέρα σας, κύριε.
- Μήπως έχετε στο περίπτερό σας αγγλικές εφημερίδες και περιοδικά;
- Μάλιστα, κύριε. Στο περίπτερό μας έχουμε όλες τις ξένες εφημερίδες και τα περιοδικά. Τί θέλετε, παρακαλώ;
- Θά ήθελα την εφημερίδα ΓΚΑΡΤΙΑΝ και το περιοδικό ΝΙΟΥ ΣΤΕΗΤΣΜΑΝ. Μήπως έχετε καί αγγλικά τσιγάρα;
- Βεβαίως. Τί μάρκα θέλετε;
- Δώστε μου ένα πακέτο Ρόθμανς και ενα κουτί σπίρτα.
- Ορίστε κύριε, την εφημερίδα, το περιοδικό, τα τσιγάρα καί τα σπίρτα σας.
- Πόσο κοστίζουν.
- Ολα μαζί κοστίζουν 250 δραχμές. Έχετε δοκιμάσει μήπως τα ελληνικά τσιγάρα;
- Έχω ακούσει ότι τα ελληνικά τσιγάρα είναι βαριά. Δώστε μου, σας παρακαλώ ένα πακέτο Παπαστράτος και την ελληνικη εφημερίδα ΤΑ ΝΕΑ.
- Ορίστε κύριε. 320 δραχμές όλα μαζί.
- Ορίστε ένα πεντακοσάρικο. Δεν έχω ψιλά.
- Εντάξει κύριε. Ορίστε τα ρέστα σας, 180 δραχμές. Ευχαριστώ.
- Ευχαριστώ. Γειά σας.

Exercise

57 *Translate into English the formal letter given in this lesson.*

Lesson 21

38 Idiomatic expressions

As in all languages, there are many idioms in Greek. These idioms cannot be rendered exactly into English and there are no grammatical rules to follow. They simply have to be remembered, and some of the most important idioms are given below.

Εντάξει	All right, O.K.
Για παράδειγμα	For example
Κατά τα άλλα	In other respects
Εξάλλου	Besides
Προ παντός	Above all
Τα κατάφερε	He managed it
Τα έχασε	He got confused, embarrassed
Τα έκανε θάλασσα	He made a mess of it
Μου αρέσει/αρέσουν	I like; I love
Τί έχεις;	What is the matter with you?
Εδώ που τα λέμε	Now that we talk about it
Κόψε το	Stop it; cut it out
'Αστα αυτά	Don't give me that
Και βέβαια	And of course
'Ετσι κι έτσι	So-so
Οπωσδήποτε	In any case
πρώτα-πρώτα	First of all
Κάθε άλλο	On the contrary
Δεν πειράζει	It does not matter/Never mind
Σαχλαμάρες	Rubbish
Δέν βαριέσαι	Who cares?
Χωρίς άλλο	Without fail; urgent
'Εχεις δίκηο	You are right
Στην υγειά σου/σας	Your health!

Examples

Τί έχεις, Γιάννη; What is the matter, John?
Τί έχει το παιδί; What is the matter with the child?
Μου αρέσει η Ελλάδα I love Greece
Μου αρέσει ο καφές I love coffee

Ὁταν είδε τη θεία της, τα έχασε When she saw her aunt she was at a loss
Μου αρέσουν τα νησιά, προπαντός η Κρήτη I like the islands and Crete in particular (above all)
Η Αθήνα, για παράδειγμα, έχει πολλές ταβέρνες Athens, for example, has many tavernas
Και βέβαια θα είμαστε στο γάμο And of course we shall be at the wedding
Δεν πειράζει που δεν ήρθαν It does not matter that they did not come
Πρώτα-πρώτα μου αρέσει η Μύκονος First of all (the islands) I love Mykonos

Exercises

58 *Translate into English:*

1 Τί έχει η Μαρία απόψε;
2 Ὁλο σαχλαμάρες μας λέει ο Νίκος.
3 Δεν πειράζει που δεν τηλεφώνησες.
4 Η υγεία της γιαγιάς είναι έτσι κι έτσι.
5 Εδώ που τα λέμε, ο κόσμος θέλει ν' ακούει τη μουσική του Θεοδωράκη.
6 Μου αρέσουν τα νησιά του Αιγαίου.
7 Τα παιδια είναι έξυπνα, προπαντός η Γιαννούλα.
8 Εντάξει, πατέρα, θα σας περιμένουμε.
9 Ο Μιχάλης τάκανε θάλασσα στις εξετάσεις.
10 Κόψε το, όλο την ίδια ιστορία μας λέγεις (λές).
11 Πρέπει να έρθετε χωρίς άλλο.
12 Ὁχεις δίκηο για το σπίτι, είναι ακριβό.
13 Τα έχασε όταν είδε τον πατέρα του ύστερα από είκοσι χρόνια.
14 Η θάλασσα της Ελλάδας, για παράδειγμα, είναι η ωραιότερη της Μεσογείου.
15 Οπωσδήποτε θα είμαστε στο σπίτι απόψε.
16 Ὁχεις δίκηο, ο Μάριος είναι τεμπέλης.
17 Στην υγεία των ξένων μας!
18 Κόψε τα πολιτικά, ας πούμε λίγα αστεία.
19 Ἀστα αυτά, ήξερα πολύ καλά την κατάσταση.
20 Δέν βαριέσαι, θα περάσουμε.

39 The interjection

Some of the most common interjections in Greek are:

α!	ah! oh!
άι!	ah!
αλοίμονο!	alas!
αλτ!	stop!
άου!	ouch!
αχ!	ah! oh!
ε!	say! hey!
είθε!	God grant!
εύγε!	bravo! well done!
μπράβο!	bravo!
μακάρι!	God grant!
μπά!	pshaw! so what!
ο!	oh!
ουφ!	oh!
οχ!	oh! ow!
πουφ!	pf!
σούτ!	hush! sh!
φτού!	ugh!
ω!	say!
ωχ!	ow!

Exclamative phrases are used as interjections:

Τί κρίμα!	What a pity!
Θεέ μου!	My god!
Χριστός και Παναγιά!	Christ and Virgin (may help us)!
Κακομοίρη μου!	My poor man!
τόν καημένο!	The poor man!
έλα δα!	Come (now)!
ορίστε!	Here is!
Ζήτω!	Long live! Hurrah!
Εμπρός!	Forward! Come in!
Εντάξει!	Alright! O.K.!
Έξω!	Out!
Περαστικά!	Speedy recovery!
Τί όμορφη!	How beautiful!
Σε καλό σου!	How could you!
Μάτια μου!	My dearest! (*Literally* my eyes!)
Δέν πειράζει!	Never mind!
Λοιπόν!	Then! So!
Γρήγορα!	Hurry up!
Σιγά-σιγά!	Take it easy!
Προσοχή!	Attention! Look out!
Καρδιά!	Courage!

Lesson 22

40 Countries, peoples, languages

Vocabulary

το κράτος	state, power, rule
ο μετανάστης	immigrant
μιλιέται	is spoken
ο πληθυσμός	population
η χώρα	country, land
η Αγγλία	England
ο Άγγλος	English (man)
η Αγγλίδα	English (woman)
αγγλικός,-ή,-ό	English (*adj.*)
τα αγγλικά	English (language)
η Βρεττανία	British (*adj.*)
ο Βρεττανός	British (person)
βρεττανικός,-ή,-ό	British
η Μεγάλη Βρεττανία	Great Britain
η Γερμανία	Germany
ο Γερμανός	German (man)
η Γερμανίδα	German (woman)
τα Γερμανικά	German (language)
γερμανικός,-ή,-ό	German (*adj.*)
η Ιρλανδία	Ireland
ο Ιρλανδός	Irish (man)
η Ιρλανδέζα	Irish (woman)
η Κίνα	China
Ο Κινέζος	Chinese (man)
η Κινέζα	Chinese (woman)
τα Κινέζικα	Chinese (language)
κινεζικός,-ή,-ό	Chinese (*adj.*)
τα Σανσκριτικά	Sanskrit
η Γαλλία	France
ο Γάλλος	French (man)
η Γαλλίδα	French (woman)
τα Γαλλικά	French (language)
γαλλικός,-ή,-ό	French (*adj.*)

η Αμερική	America
ο Αμερικανός	American (man)
η Αμερικανίδα	American (woman)
αμερικανικός,-ή,-ό	American (adj.)
η Ρωσσία	Russia
ο Ρώσσος	Russian (man)
η Ρωσσίδα	Russian (woman)
τα Ρωσσικά	Russian (language)
ρωσσικός,-ή,-ό	Russian (adj.)
η Ιαπωνία	Japan
ο Ιάπωνας	Japanese (man)
η Ιαπωνέζα	Japanese (woman)
ιαπωνικός,-ή,-ό	Japanese (adj.)
η Αίγυπτος	Egypt
ο Αιγύπτιος	Egyptian (man)
η Αιγυπτία	Egyptian (woman)
τα αραβικά	Arabic
η Κύπρος	Cyprus
ο Κύπριος	Cypriot (man)
η Κυπρία	Cypriot (woman)
κυπριακός,-ή,-ό	Cypriot (adj.)
ο Καναδάς	Canada
ο Καναδέζος	Canadian (man)
η Καναδέζα	Canadian (woman)
καναδικός,-ή,-ό	Canadian (adj.)
η Ινδία	India
ο Ινδός	Indian (man)
η Ινδή	Indian (woman)
ινδικός,-ή,-ό	Indian (adj.)
το Ισραήλ	Israel
ο Εβραίος	Jew
η Εβραία	Jewess
τα Εβραϊκά	Hebrew (language)
εβραϊκός,-ή,-ό	Jewish (adj.)

READING

Χώρες και γλώσσες/Countries and languages

Στην Αγγλία κυκλοφορούν αγγλικά, γερμανικά, γαλλικά και ιαπωνικά αυτοκίνητα. Σε πολλά πανεπιστήμια της Μεγάλης Βρεττανίας διδάσκονται ξένες γλώσσες: γαλλικά, γερμανικά, ισπανικά, ιταλικά, ρωσσικά, κινέζικα, εβραϊκά, ελληνικά, αραβικά και τα λοιπά (κ.τ.λ.)

Οι Αμερικανοί, οι Καναδοί, οι Άγγλοι, οι Γάλλοι, οι Ρώσσοι, οι Κινέζοι, οι Αυστραλοί, οι Ινδοί, οι Έλληνες ήταν σύμμαχοι στο Δεύτερο Παγκόσμιο πόλεμο. Οι Γερμανοί, οι Ιταλοί και οι Ιάπωνες ήταν σύμμαχοι εναντίον των πρώτων.

Η γαλλική γλώσσα είναι μια από τις ωραιότερες γλώσσες στον κόσμο. Η ελληνική γλώσσα είναι μια από τις αρχαίες γλώσσες. Η αγγλική γλώσσα είναι τώρα η διεθνής γλώσσα.

Στο δυτικό μέρος της Ευρώπης είναι η Αγγλία, τα Βρεττανικά νησιά. Τα νησιά της Βρεττανίας είναι πολλά, δυο όμως από αυτά είναι τα μεγαλύτερα. Το ένα λέγεται Μεγάλη Βρεττανια (Αγγλία, Ουαλλία, Σκωτία) και το άλλο Ιρλανδία. Στην Αγγλία κατοικούν οι Άγγλοι που μιλούν την αγγλική γλώσσα (αγγλικά). Στην Ιρλανδία μένουν οι Ιρλανδοί που μιλούν και αυτοί αγγλικά.

Νοτιο-ανατολικά της Αγγλίας είναι η Γαλλία. Οι Γάλλοι μιλούν τη γαλλική γλώσσα (γαλλικά). Γείτονες με τους Γάλλους είναι οι Γερμανοί που μιλούν γερμανικά. Στο ανατολικό μέρος της Ευρώπης είναι η Ρωσσία. Οι Ρώσσοι μιλούν ρωσσικά (τη ρωσσική γλώσσα).

Στην Ασία είναι δύο μεγαλα έθνη, οι Ινδίες και η Κίνα. Στις Ινδίες κατοικούν οι Ινδοί που μιλούν την ινδική γλώσσα (Σανσκριτική) και στην Κίνα κατοικούν οι Κινέζοι που μιλούν κινέζικα. Η Κίνα έχει το μεγαλύτερο πληθυσμό του κόσμου. Στα ανατολικά της Κίνας είναι η Ιαπωνία. Η Ιαπωνία όπως και η Αγγλία αποτελείται από νησιά. Οι Ιάπωνες μιλούν ιαπωνέζικα.

Περνώντας τον Ατλαντικόν Ωκεανό, ερχόμαστε στη Βόρεια Αμερική. Στην ήπειρο αυτή υπάρχουν δυο μεγάλα κράτη, οι Ηνωμένες Πολιτείες της Αμερικής και ο Καναδάς. Και στις δυο αυτές χώρες έχουν έλθει μετανάστες από όλο τον κόσμο - Έλληνες, Ιταλοί, Ισπανοί, Πολωνοί, Τούρκοι, Γιουγκοσλάβοι και άλλοι. Οι κάτοικοι των Ηνωμένων Πολιτειών λέγονται Αμερικανοί. Μιλούν την αγγλική γλώσσα. Οι κάτοικοι του Καναδά λέγονται Καναδοί, ή Καναδέζοι και μιλούν και αυτοί τη αγγλική γλώσσα. Σε μερικά μέρη του Καναδά μιλούν και γαλλικά.

Γείτονες της Ελλάδας είναι η Αλβανία, η Γιουγκοσλαβία, η Βουλγαρία καί η Τουρκία.

Exercises

59 *Translate into Greek:*
1 German women are good housewives.
2 Do you speak German? No, but I speak French and Italian.
3 Most cars in Greece are German or Italian.
4 Is she Swedish? No, she is Danish.
5 Let him try. He will not manage.
6 She goes shopping every Monday morning.
7 His wife is American but she speaks Greek very well.
8 Let's go, boys! It has begun to rain.

60 *Translate into English:*
1 Στη θάλασσα συναντήσαμε τρείς Γερμανίδες.
2 Αγόρασε ένα γερμανικό αυτοκίνητο.
3 Από πού κατάγεστε; Από την Αγγλία. Είμαι ΄Αγγλος
4 Μιλάτε ρωσσικά; ΄Οχι, μιλώ αγγλικά και ελληνικά.
5 Πάμε. Δεν υπάρχει τίποτε να δούμε εδώ.
6 Ας το πάρει η Ελένη. Δεν το χρειαζόμαστε.
7 Κάθε πρωί πηγαίναμε για μπάνιο.
8 ΄Αστην να δοκιμάσει. Δεν θα τα καταφέρει.
9 Θα πάμε για ψάρεμα την Κυριακή.
10 Οι Αγγλίδες είναι ωραίες και ευγενικές.

Lesson 23

41 Diminutives

Diminutives are formed by adding one of the following suffixes to the noun, after dropping its ending.

a) -ούλης   e.g. μικρός — μικρούλης (tiny)
                αδελφός — αδελφούλης (little brother)
   -ουλης   becomes -ουλα for the feminine (αδελφούλα)
                -ούλικο for the neuter (μικρούλικο)

b) -ίτσα   e.g. Ελένη — Ελενίτσα (little Helen)
   -οπούλα e.g. Ελληνίδα — Ελληνοπούλα (Greek girl)

c) -άκι   e.g. παιδί — παιδάκι (little child)
                χέρι — χεράκι (little hand)
   -όπουλο e.g. βασιλιάς — βασιλόπουλο (little prince)
                Έλληνας — Ελληνόπουλο (Greek boy)

The suffix -άκι is the most commonly used.

Diminutives in Greek are quite often used to express what the English phrases 'a mere', 'just a', 'only a' mean, e.g.

Μα αυτή είναι ακόμη παιδάκι But she is still only a child
Κάναμε μισή ωρίτσα It took us a mere half hour

Sometimes they are used to describe the young animal, e.g.

η γάτα (cat); **το γατάκι** (kitten)
η κατσίκα (goat); **το κατσικάκι** (kid)

Very often masculine or feminine nouns have a neuter diminutive with the ending, e.g.
ο άνθρωπος → το ανθρωπάκι
η καρέκλα → το καρεκλάκι

Study the following poem, trying to learn it by heart:

Την είδα την ξανθούλα
Την είδα ψές αργά
Που μπήκε στη βαρκούλα
Να πάει στην ξενητειά.

Εφούσκωνε τ' αέρι
Λευκότατα πανιά
Ωσάν το περιστέρι
Που απλώνει τα φτερά.

Εστέκονταν οι φίλοι
Με λύπη, με χαρά
Και αυτή με το μαντήλι
Τους αποχαιρετά.

Και το χαιρετισμό της
Εστάθηκα να ιδώ
Ώσπου η πολλή μακρότης
Μου τόκρυψε κι αυτό.

Σε λίγο σε λιγάκι
Δεν ήξερα να πω
Αν έβλεπα πανάκι
Ή του πελάγου αφρό.

Και αφού πανί, μαντήλι
Εχάθη στο νερό
Εδάκρυσαν οι φίλοι
Εδάκρυσα κι εγώ.

«Η Ξανθούλα» ΔΙΟΝΥΣΙΟΣ ΣΟΛΩΜΟΣ (1798-1857)

Vocabulary

το αέρι (ο αέρας)	wind
απλώνω	spread
αποχαιρετώ	say goodbye
ο αφρός	foam
ο βασιλιάς	king
το γατάκι	kitten
δακρύζω	I have tears in my eyes
η κατσίκα	goat
το κατσικάκι	kid

η λύπη	sorrow
λευκότατο (λευκός)	all-white
η μακρότης	distance
το μαντήλι	handkerchief
η ξανθούλα	fair-haired girl
η ξενιτιά	foreign land where one emigrates
τα πανιά	sails
το περιστέρι	pigeon
το φτερό	feather, wing
φουσκώνω	blow up/swell
ο χαιρετισμός	salute, greeting
ωσάν (=σάν)	like

42 Idiomatic syntax

In Greek there are two ways of expressing constructions like: 'It is kind of-you', 'It was foolish of him', etc:

a) We use the same construction, with the expressions **εκ μέρους σου** or **εκ μέρους του** being equivalent to 'of you' or 'of him'. Thus:

Είναι ευγενικό εκ μέρους σου It is kind of you
΄Ηταν ανόητο εκ μέρους του It was foolish of him

b) We use a noun followed by a possessive pronoun. The verb is not necessarily used. For example:

(Είναι) καλωσύνη σου It is kind of you
(΄Ηταν) ανοησία του It was foolish of him

The Greek equivalent of the English emphatic construction 'This is ... ' or 'That's ...' plus a question word (who, what, where, etc) is 'Να ...' plus a question word. For example:

Να ποιός το είπε That's who said it

Instead of 'Να ...' plus a question word, we very often use a pronoun or adverb corresponding to the question word. Thus:

Να ποιός _or_ Αυτός	That's who
Να τί _or_ Αυτό	That's what
Να πού _or_ Εκεί	That's where
Να πότε _or_ Τότε	That's when
Να πώς _or_ ΄Ετσι	That's how etc.

There is a kind of numerical adjective and adverb combination in Greek which translates English expressions like those below:

διπλάσιος	twice as big (large, much)
τριπλάσιος	three times as big (large, much)
τετραπλάσιος	four times as big (large, much)
πενταπλάσιος	five times as big (large, much)
εξαπλάσιος	six times as big (large, much)
εφταπλάσιος	seven times as big (large, much)
οχταπλάσιος	eight times as big (large, much)
εννιαπλάσιος	nine times as big (large, much)
δεκαπλάσιος	ten times as big (large, much)
εντεκαπλάσιος	eleven times as big (large, much) etc.

Exercises

61 *Translate into English:*
1 ῏Ηταν μεγάλη εξυπνάδα του να επενδύσει όλα του τα λεφτά σε παραθαλάσσια οικόπεδα.
2 Είναι κακό εκ μέρους τους να μην γράφουν στους γονείς τους.
3 Πήρα την ωραία σου κάρτα. Πολύ ευγενικό εκ μέρους σου να με θυμηθείς.
4 Νά πώς θα μπορέσετε να απαλλαγείτε απ' αυτόν.
5 Νά πού μπορούμε να κατασκηνώσουμε.
6 Νά ποιόν μπορούμε να παρακαλέσουμε να μας δανείσει λεφτά.
7 Αν επιμένεις να μάθεις, νά πόσο μου στοίχισε.
8 Η επόμενη Παρασκευή είναι αργία. Νά πότε μπορούμε να σκάψουμε και να φυτέψουμε τον κήπο μας.
9 Αυτό εννοείς; Εδώ έγινε το δυστύχημα; ῎Ετσι το κάνουν;
10 Η τιμή του είναι διπλάσια αλλά η αξία του είναι πενταπλάσια.
11 Παντρεύτηκε έναν άνθρωπο διπλασίας ηλικίας από τη δική του.
12 Ο κήπος μας είναι διπλάσιος από το δικό σας.
13 Φέτος καπνίζω τα τριπλάσια τσιγάρα από πέρυσι.
14 Η Γαλλία έχει εφταπλάσιο πληθυσμό από την Ελλάδα.
15 Εγώ δουλεύω διπλάσια από σένα.

Vocabulary

η αξία	value
απαλλάσσομαι	I get rid of
η αργία	holiday
η εξυπνάδα	cleverness
ο έξυπνος	clever
η επένδυση	investment
επιμένω	I insist
επόμενος	next
επενδύω	I invest
η ηλικία	age
θυμούμαι	I remember
η κάρτα	post-card
κατασκηνώνω	camp
το οικόπεδο	building site
παραθαλάσσιος	seaside (*adj.*)
παρακαλώ	I ask
ο πληθυσμός	population
στοιχίζω	cost
η τιμή	price
φυτεύω	plant

62 *Read the following aloud and then translate:*
1 Αν τον βρούμε θα μας δείξει όλα τα αξιοθέατα.
2 Αν πάρουμε το τρανζίστορ μαζί μας θ' ακούσουμε την περιγραφή του ματς.
3 Αν ήξερα να χορεύω θα ερχόμουν μαζί σας.
4 Αν δεν πήγαινες τόσο συχνά στο σινεμά θα ήσουν καλος μαθητής.
5 Δεν ξέρουμε τί θα γινόταν αν οι Αμερικανοί δεν έριχναν την ατομική βόμβα στη Χιροσίμα.
6 Μακάρι να μπορούσε η γυναίκα μου να μαγειρεύει όπως εσείς.
7 Μακάρι, Θεέ μου, να κερδίσω το λαχείο.
8 Μακάρι να μην την είχα γνωρίσει στη ζωή μου.
9 Να σας φτιάξω ένα καφεδάκι;
10 Να τηλεφωνήσει η Ρίτα στο γιατρό;
11 Κύριε αστυφύλακα. Ν' αφήσω το αυτοκίνητό μου εδώ μισό λεπτό;
12 Πάμε στο Νοσοκομείο να δούμε το φουκαρά το Νίκο;
13 Δεν πάμε στο Σούνιο την Κυριακή; Θα είναι ωραία.

128

Vocabulary

τα αξιοθέατα	sights
η ατομική βόμβα	A-bomb
η βόμβα	bomb
κερδίζω	win
το λαχείο	lottery
ο μαθητής	pupil
το μάτς	match
το νοσοκομείο	hospital
η περιγραφή	description
ρίχνω	drop
διασκεδάζω	enjoy oneself
το Σούνιο	Sounion
η υπηρέτρια	servant, maid
φουκαράς	poor
η Χιροσίμα	Hiroshima
χορεύω	dance

Lesson 24

43 Composition of words

α- before a consonant and **αν-** before a vowel are the negative prefixes of Greek adjectives, e.g. **κακός** (bad), **ά-κακος** (inoffensive), **ικανός** (able, efficient), **αν-ίκανος** (unable, inefficient)

ξε- is used with different meanings especially with verbs.
1 Meaning 'out', e.g. **ξεμυτίζω** (I show my face out of the house)
2 Meaning 'very, much', e.g. **ξεκουφαίνω** (deafen)
3 Meaning 'completely', e.g. **ξεγυμνώνω** (strip, lay bare)
4 Meaning 'dis-, un-', e.g. **ξεβάφω** (discolour), **ξεδένω** (untie)

The following are some of the older prefixes which can still be used to form new words.

a) **αρχι-** arch-, first, senior, chief
e.g. **αρχιεπίσκοπος** (archbishop), **αρχισυντάκτης** (chief editor)

b) **ημι-** hemi-, half, semi-
e.g. **ημίθεος** (half-god), **ημισφαίριο** (hemisphere)

c) **σύν-** con- (also: **συγ-, συλ-, συμ-, συρ-, συ-, συνε** (com-, col-, cor-, co-, fellow-)
e.g. **συναίσθηση** (consciousness), **συλλογή** (collection)

ξανα- is a prefix meaning:
1 again: **Έρχεται και ξαναέρχεται** He comes and comes again
2 back: **Να ξανάρθεις σε μισή ώρα** Come back in half an hour
3 before: **Έχουμε ξανάρθει εδώ** We have come here before

The following prefixes intensify the adjective they are attached to:
a) **κατά-** e.g. **κατάμαυρος** (very black)
b) **υπέρ-** e.g. **υπερβέβαιος** (more than certain)
c) **ολο-** e.g. **ολοφάνερος** (quite obvious)
d) **θεο-** e.g. **θεόγυμνος** (stark naked)
e) **παν-(παμ-, παγ-)** e.g. **πάμφτωχος** (utterly poor)

130

Exercises

63 *Read aloud and then translate:*
1 Ο Πρωθυπουργός αυτής της χώρας δουλεύει ακούραστα μέρα νύχτα.
2 Αυτή η ανέλπιστη πρόσκληση να πάμε στίς Σπέτσες μας γέμισε χαρά.
3 Έκανε τόσο κρύο που κανείς μας δεν τολμούσε να ξεμυτίσει από το σπίτι.
4 Ο χειμώνας έχει ξεγυμνώσει όλα τα δέντρα του κήπου.
5 Αυτή η μοντέρνα μουσική που παίζεις στο πικάπ μας έχει ξεκουφάνει.
6 Η βάρκα ξεδέθηκε και παρασύρθηκε στ' ανοιχτά.
7 Μήν τόν πιστεύεις. Αυτός είναι αρχιψεύτης.
8 Καλό είναι. Αλλά να το ξαναγράψεις καθαρά.
9 Έλαβα το γράμμα της, αλλά της το ξανάστειλα χωρίς να το ανοίξω.
10 Δεν σας έχουμε ξαναδεί στη γειτονιά μας. Πού μένετε;
11 Φορούσε ένα κατακόκκινο φουστάνι με μακρύ μανίκι.
12 Ο ψαράς μας σήμερα είχε ολόφρεσκα ψάρια.
13 Δεν μπορώ να τ' αγοράσω είναι πανάκριβο.
14 Μα αυτός είναι θεοπάλαβος. Τί τον κάνεις παρέα;

Vocabulary

ακούραστος	tireless
ανέλπιστος	unexpected, unhoped for
η γειτονιά	neighbourhood
γεμίζω	fill
θεοπάλαβος	as mad as a hatter
καθαρά	clearly
το μανίκι	sleeve
μοντέρνος	modern
ολόφρεσκος	very fresh
πανάκριβος	very expensive
παρασύρω	drift
το πικάπ	record-player
η πρόσκληση	invitation
ο πρωθυπουργός	prime minister
τολμώ	dare
η χαρά	joy
ο ψεύτης	liar

Two or more words can be joined together to form a new word, e.g.

Σάββατο + Κυριακή = Σαββατοκύριακο (weekend)
στενός + μακρύς = στενόμακρος (oblong)

Usually an o replaces the final vowel of the first component, e.g.

γυναίκες + παιδιά = γυναικόπαιδα (women and children)
μαχαίρι + πηρούνι = μαχαιροπήρουνα (cutlery)

But if the initial vowel of the second component is α or o the ending of the first is dropped, e.g.

παλιός + άνθρωπος = παλιάνθρωπος (rascal)
όλος + ορθός = ολόρθος (standing upright)

The meaning of compound words can be:
a) this + that, e.g.

κοντόχοντρος (chubby) = κοντός + χοντρός (short + fat)
ανοιγοκλείνω (continual opening and closing) = ανοίγω + κλείνω (open + close)
βορειοδυτικά (northwest) = βόρεια + δυτικά (north + west)

b) the second component defined by the first one, e.g.

αγριόπαπια = άγρια πάπια (wild duck)
ηλιοβασίλεμα = βασίλεμα του ήλιου (sunset)
σιγοπερπατώ = σιγά περπατώ (walk slowly)

c) someone who has a *(adjective)* + *(noun)* e.g.
καλόκαρδος (kind-hearted) = Που έχει καλή καρδιά, someone who has a kind heart.
γαλανομάτης (blue-eyed) = Που έχει γαλανά μάτια, someone who has blue eyes.

64 *Combine the following pairs of words to make new ones:*
1 άγριος, γάτος
2 λύκος, σκύλος
3 γέρος, παππούς
4 νύχτα, πουλί,
5 άσπρος, κίτρινος
6 κοντός, χοντρός
7 γλυκός, ξινός
8 νότιος, δυτικός
9 ανοίγω, κλείνω
10 μπαίνω, βγαίνω
11 τρέμω, σβύνω
12 πηγαίνω, έρχομαι

Study the meaning of the following compound words:

Σαββατόβραδο = βράδυ του Σαββάτου   Saturday evening
αξέχαστος = που δεν μπορεί να ξεχαστεί   unforgettable
άφοβος = που δεν φοβάται   fearless, dauntless
ανάλατος = που δεν του έχει προστεθεί αλάτι   saltless
ανέλπιστος = που δεν το ελπίζει κανείς   unhoped for
ξέχειλος = γεμάτος μέχρι τα χείλη   full to the brim
ξεμακραίνω = φεύγω πιο μακριά   move farther away
ξεπουλώ = πουλώ τελείως   sell out
ξεδιψώ = καταπραϋνω τη δίψα   quench one's thirst
ξεκαρφώνω = αποσπώ αφαιρώντας τα καρφιά   unnail
αρχιεργάτης = ο επικεφαλής ομάδας εργατών   foreman
ημικύκλιο = μισός κύκλος   semi-circle
συχωριανός = καταγόμενος απο το ίδιο χωριό   fellow-villager
ανεμόβροχο = άνεμος με βροχή   squall
αλατοπίπερο = αλάτι και πιπέρι   salt and pepper
λαδολέμονο = σάλτσα από λάδι και λεμόνι   a sauce of olive oil,
    lemon and salt beaten together
ασπρόμαυρος = άσπρος και μαύρος   black and white
ψηλόλιγνος = ψηλός και λιγνός (=αδύνατος)   tall and slim
βορειοανατολικός = μεταξύ βορρά και ανατολής   north-east
    (-ern)
λαχανόκηπος = κήπος για καλλιέργεια λαχανικών   vegetable
    garden
βυσσινόκηπος = κήπος με βυσσινιές (κερασιές)   cherry-orchard
αγριολούλουδο = άγριο λουλούδι   wild flower
ελαφρόπετρα = ελαφριά πέτρα   pumice stone
πρωτοβρόχι = η πρώτη βροχή του φθινοπώρου   first autumn
    rain
καλότυχος = που έχει καλή τύχη   lucky, well-fated
σκληρόκαρδος = που έχει σκληρή καρδιά   stone-hearted
χορτοφάγος = που τρώει μόνο χόρτα   vegetarian/grass-eating
κτηνοτρόφος = που τρέφει κτήνη (ζώα)   animal farmer
κρυφομιλώ = μιλώ κρυφά   speak secretly

44 Miscellaneous points

Conditions: the most important thing to note about conditions is that the future can be used after **αv**, e.g.
Αν θα βγείς πάρε μου κι εμένα ένα πακέτο τσιγάρα. If you go out buy me a packet of cigarettes, too.

Another equally important point is that the past continuous can be used for either a present, future or past supposition, e.g.
1) Κρίμα που δεν θα πας. Αν πήγαινες θα διασκέδαζες. It's a pity you are not going. If you were you would enjoy yourself.
2) Κρίμα που δεν πήγες. Αν πήγαινες θα διασκέδαζες. It's a pity you didn't go. If you had gone you would have enjoyed yourself.

Wishes: to express a wish use **Μακάρι** or **Μακάρι, θεέ μου** followed by the **να** form of the verb.
When you wish for something impossible the past imperfect of the **να** form is used, e.g.
Μακάρι να έβρεχε αύριο. I wish it would rain tomorrow.

For past wishes use either past or past perfect **να** form, e.g.
Μακάρι να έβρεχε χτές or **Μακάρι να είχε βρέξει χτές.** I wish it had rained yesterday.

Suggestions: For the first person plural we just use the first person plural of the present of the verb. Sometimes we put **δεν** in front of it without a negative meaning, e.g.
Πάμε σινεμά; Shall we go to the cinema? or
Δεν πάμε σινεμά; Let's go to the cinema, shall we?

For all the other persons we use the form of the verbs, e.g.
Να σε βοηθήσω; Shall I help you?
Να σου φτιάξει (κάνει) έναν καφέ η υπηρέτρια; Shall the servant make you a cup of coffee?

Permission: The same **να-** form is used when we want to ask for permission. Study the following examples:

Να ανοίξω το παράθυρο; Shall I open the window? or May I open the window?
Να έρθω μαζί σας; Shall I come with you? or May I come with you?

Lesson 25

45 Question words

The following question words are used in the same way as in English:

πού;	where?	Πού θα πάτε αύριο;
πότε;	when?	Πότε τον είδες;
πώς;	how?	Πώς είστε; Πολύ καλά, ευχαριστώ.
γιατί;	why?	Γιατί ρωτάς;
τί;	what?	Τί θέλετε;
ποιός;	who?	Ποιός σου το έδωσε;
ποιανού;	whose? (*gen.*)	Ποιανού είναι εκείνο το αμάξι;
τίνος;	whose? (*gen.*)	Τίνος αμάξι είναι εκείνο;
ποιόν;	who? (*acc.*)	Ποιόν συνάντησες χτές;

The following need a little more care:

πόσος; how much? **Πόσο πετρέλαιο παράγει η Περσία (τό Ιράν);**
πόσοι; how many? **Πόσα άτομα θα είναι στο πάρτυ;**
πόσων ετών (or χρονών); how old? **Πόσων ετών είσαι;**
πόσο ψηλός (μακρύς, φαρδύς); how tall or high (long, wide, etc)?
    Πόσο ψηλός είναι ο Γιώργος;
πόσον καιρό or πόσην ώρα; how long? **Πόσον καιρό θα μείνετε**
    εδώ; or **Πόσην ώρα κάνατε να έρθετε;**
πόσο μακρυά; how far? **Πόσο μακριά είναι η Θεσσαλονίκη;**
κάθε πότε; how often? **Κάθε πότε πηγαίνει στην εκκλησία;**

The words **άραγε, μήπως,** and **ώστε** present the greatest difficulty.
'Αραγε; is equivalent to 'I wonder (if)' and can be placed
anywhere in the sentence. **Μήπως** can mean 'I wonder (if)' but it is
much weaker than **άραγε**. It is mostly used where 'yet' is or could
be used in English, e.g.

'Αραγε τελείωσαν; I wonder if they have finished? *or* Now have
they finished?
Μήπως τελείωσαν; I wonder if they have finished? *or* Have they
finished yet?

ώστε means 'so', as in **'Ωστε τελείωσαν** So they have finished?

134

Exercises

65 *Read the following aloud many times, then translate:*
1 Πώς μπορώ να πάω από εδώ στο Δημαρχείο;
2 Τίνος είναι εκείνο το ωραίο σπίτι;
3 Πόσο κρασί ήπιε χτές καί δεν μπορεί να ξυπνήσει σήμερα;
4 Πόσοι επιβάτες ήταν στο αεροπλάνο;
5 Πόσων ετών είναι η κόρη σας;
6 Πόσο ψηλός είναι ο 'Ολυμπος; 'Οχι περισσότερο από 3.000 μέτρα.
7 Πόσον καιρό κάνατε να μάθετε Ελληνικά;
8 Πόσην ώρα θα κάνει ο μηχανικός να το επισκευάσει;
9 Πόσο μακρυά είναι το σπίτι σας από τη θάλασσα;
10 'Αραγε θα έρθουν μαζί μας ή θα μείνουν στο ξενοδοχείο;
11 Μήπως τελείωσε ο μηχανικός;
12 'Ωστε θα φύγετε από την Ελλάδα τον Ιούλιο;
13 Κάθε πότε πηγαίνετε στο σινεμά;

66 *Translate into Greek:*
1 How long will you stay in France?
2 How long does it take the bus to get to Varkiza?
3 How often do you change the oil in your car?
4 I wonder if the weather will be fine tomorrow?
5 So they beat the Brazilians at football?
6 How far away is Crete?
7 How old and how tall is the boy?
8 Who has stolen their car, I wonder?
9 Now do you need some money?

Vocabulary

το αμάξι	car
άραγε;	I wonder?
το άτομο	person
ο Βραζιλιανός	Brazilian
το Δημαρχείο	town hall
επισκευάζω	I repair
κάθε πότε;	how often?
κλέβω	I steal
η κόρη	little daughter
ο μηχανικός	mechanic
μήπως;	I wonder...? (*introducing a question*)
νικώ	I beat

μαθαίνω	I learn
παράγω	I produce
η Περσία	Persia
το πετρέλαιο	petroleum/diesel oil
ποιανού;	whose?
το ποδόσφαιρο	football
πόσον καιρό;	how long?
πόσο μακρυά;	how far?
πόσο μακρύς;	how long?
πόσο ψηλός;	how tall?
πόσο ψηλός;	how high?
πόσο φαρδύς;	how wide?
πόσην ώρα;	how long?
τίνος;	whose?
ώστε;	so?

CONVERSATION

Πρόγευμα στον ξενοδοχείο/Breakfast at a hotel

Η παρέα μας κατεβαίνει στην τραπεζαρία του ξενοδοχείου για πρόγευμα.
- Καλημέρα σας, κύριοι.
- Καλημέρα σας.
- Θα πάρετε πρόγευμα;
- Μάλιστα.
- Καθήστε, παρακαλώ.
- Ευχαριστούμε.
- Τί πρόγευμα θέλετε;
- Τί πρόγευμα έχετε;
- Συνήθως προσφέρουμε ελληνικό ή κοντινένταλ πρόγευμα. Αλλά αν θέλετε μπορούμε να σας φτιάξουμε αυγά με μπέικον ή με ζαμπόν.
- Ωραία. θέλουμε αυγά τηγανιτά μέ μπέικον.
- Θέλετε όλοι το ίδιο;
- Μάλιστα όλοι το ίδιο.
- Πόσες μερίδες;
- Είμαστε πέντε αυτή τη στιγμή, οι άλλοι θα έρθουν αργότερα.
- Τί θέλετε να πιείτε;
- Τί έχετε;
- ΄Εχουμε ελληνικό καφέ, τσάι, νέσκαφε καί πορτοκαλάδα.
- Θέλουμε πορτοκαλάδα και ελληνικό καφέ.
- Ευχαρίστως. Η παραγγελία σας θα είναι έτοιμη σε μερικά λεπτά.

Το γκαρσόνι απομακρύνθηκε και σε λίγα λεπτά γύρισε με το πρόγευμα. Φάγαμε με μεγάλη όρεξη και όταν τελειώσαμε ρωτήσαμε:
- Τί ώρα σερβίρετε το γεύμα;
- Από τη μία μέχρι τις τρεις.
- Και το δείπνο;
- Μετά από τις οκτώ.
- Ευχαριστούμε για τις πληροφορίες. Πιθανόν να μην μπορέσουμε να πάρουμε μεσημεριανό εδώ γιατί θα πάμε ένα ταξίδι μέχρι το Σούνιο και θα γυρίσουμε αργά. ΄Ισως να μην προφτάσουμε ούτε το βραδινό φαγητό.
- Εντάξει. Μη στενοχωριέστε. Αν γυρίσετε νωρίς μπορείτε να πάρετε το βραδινό σας εδώ. Σας εύχομαι καλό ταξίδι και καλή διασκέδαση.
- Ευχαριστούμε πάρα πολύ.

Vocabulary

αγαπητός, -ή, -ό	loved
απομακρύνομαι	I go away
βραστός, -ή, -ό	boiled
το γεύμα	lunch
το δείπνο	dinner
η διασκέδαση	entertainment, party
εντάξει	all right
το ζαμπόν	ham
ίσως	perhaps
το λάθος	mistake, error
μακάρι	God grant, I wish that (*a word indicating wish*)
νωρίς	early
μέχρι	until
η όρεξη	appetite
σκάζω στα γέλια	I burst into laughter
η σκηνή	scene
στενοχωριέμαι	I worry, am troubled
η στιγμή	moment
συγγνώμη	pardon
συνήθως	usually
φρέσκος, -ια, -ο	fresh
φτιάνω	I make, repair
χαμογελώ	I smile

138

Study these opposites:

ανεβαίνω	I go up	κατεβαίνω	I go down
κάθομαι	I sit	στέκομαι	I stand
έρχομαι	I come	φεύγω	I go away
μάλιστα, ναί	yes	όχι	no
μπορώ	I can	αδυνατώ	I cannot
μιλώ	I talk	σιωπώ	I keep silent
αρχίζω	I begin	τελειώνω	I finish
ψηλός	tall, high	χαμηλός	low, short
φτιάνω, διορθώνω	I make, repair	χαλώ	I destroy
πλησιάζω	I approach	απομακρύνομαι	I go away
νωρίς	early	αργά	late
ευτυχισμένος	happy	δυστυχισμένος	unhappy

Lesson 26

46 Revision notes

The cases

Singular:	Masculine	Feminine	Neuter
Nominative	ο πατέρας	η μητέρα	το παιδί
Genitive	του πατέρα	της μητέρας	του παιδιού
Accusative	τον πατέρα	τη μητέρα	το παιδί
Vocative	- πατέρα	- μητέρα	- παιδί

Plural:			
Nominative	οι πατέρες	οι μητέρες	τα παιδιά
Genitive	των πατέρων	των μητέρων	των παιδιών
Accusative	τους πατέρες	τις μητέρες	τα παιδιά
Vocative	- πατέρες	- μητέρες	- παιδιά

Examples

Ο πατέρας είναι καλός   Father is good
Τα μαλλια του πατέρα είναι μαύρα   Father's hair is black
Βλέπω τον πατέρα κάθε Κυριακή   I see father every Sunday

Active verbs

Present	Future	Past
(I write)	(I shall write)	(I wrote)
γράφω	θα γράψω	έγραψα
γράφεις	θα γράψεις	έγραψες
γράφει	θα γράψει	έγραψε
γράφουμε	θα γράψουμε	γράψαμε
γράφετε	θα γράψετε	γράψατε
γράφουν	θα γράψουν	έγραψαν

Examples

Γράφω στους φίλους μου   I write to my friends
Θα γράψω στη θεία μου   I shall write to my aunt
Έγραψα στο διευθυντή   I wrote to the Principal

Passive verbs

Present	*Future*	*Past*
(I am sorry)	(I shall be sorry)	(I was sorry)
λυπάμαι	θα λυπηθώ	λυπήθηκα
λυπάσαι	θα λυπηθείς	λυπήθηκες
λυπάται	θα λυπηθεί	λυπήθηκε
λυπούμαστε	θα λυπηθούμε	λυπηθήκαμε
λυπάστε	θα λυπηθείτε	λυπηθήκατε
λυπούνται	θα λυπηθούν	λυπήθηκαν

Imperfect

(I was eating)	(I was drinking)
έτρωγα	έπινα
έτρωγες	έπινες
έτρωγε	έπινε
τρώγαμε	πίναμε
τρώγατε	πίνατε
έτρωγαν	έπιναν

Interrogative adverbs

Πού;	Where?	Πού είναι η ταβέρνα;	Where is the taverna?
Τί;	What?	Τί ώρα είναι;	What time is it?
Πώς;	How?	Πώς είσαι;	How are you?
Ποιός;	Who?	Ποιός είναι;	Who is it?

Exercises

67 *Make sentences with the following words:*
1 Μια απογοήτευση
2 Η Ελλάδα
3 Τα βουνά
4 Το Λονδίνο
5 Η θάλασσα

68 *Write in Greek the names of:*
1 Three fruits
2 Two flowers
3 Three personal names
4 Three cities
5 Three animals

69 *Give the words which have the opposite meaning to those listed below:*
1 καλός (good)
2 ευτυχισμένος (happy)
3 χαρούμενος (pleased)
4 φτωχός (poor)
5 έξυπνος (clever)

CONVERSATION

Μια συνάντηση/A meeting

- **Καλημέρα, κυρία Νίκη. Τί κάνετε.**	'Good morning, Mrs Niki. How are you?'
- **Καλά. Εσείς πώς είστε, κύριε Πάνο;**	'Fine. And how are you, Mr Panos?'
- **Πολύ καλά, ευχαριστώ. Τί κάνει ο άντρας σας. Οι δουλειές του πώς πάνε;**	'Very well, thank you. How is your husband? How is his business?'
- **Αρκετά καλά. Δόξα σοι ο Θεός.**	'Quite well. Glory be to God'.
- **Από το γιό σας έχετε νέα;**	'Had any news from your son?'
- **Ναί, βεβαίως. Έρχεται τον Ιούλιο για διακοπές.**	'Yes, certainly. He is coming in July for the holidays'.
- **Μπράβο. Χαίρομαι.**	'That's nice. I'm glad to hear it'.
- **Καλωσύνη σας, κύριε Πάνο.**	'Very kind of you, Mr Panos'.
- **Αντίο, κυρία Νίκη, χαιρετισμούς στον κύριο Βασίλη.**	'Goodbye, Mrs Niki. Remember me to Mr Vassilis'.
- **Ευχαριστώ. Κι εσείς τους χαιρετισμούς μου στήν κυρία σας. Αντίο.**	'Thanks. And my compliments to your wife. Goodbye'.

Δόξα σοι ο Θεός is an expression that usually follows the statement **καλά** or **πολύ καλά.**

Στο πρατήριο βενζίνης/At the service station

- **Τί θέλουν οι κύριοι;**	'What do you want, gentlemen?'
- **Βενζίνη. 20 λίτρα σούπερ.**	'Petrol. 20 litres of super'.
- **Έτοιμοι. Τίποτε άλλο;**	'Ready. Anything else?'

- Ναί. Αλλαγή λαδιών και μπουζί.	'Yes. Oil and spark plugs changed'.
- Τί λάδι βάζετε; Απλό ή σούπερ;	'What sort of oil do you use? Normal or super?'
- Σούπερ. Τριάμιση λίτρες.	'Super. $3^1/_2$ litres'.
- Εντάξει... Το αμάξι θέλει πλύσιμο. Είναι πολύ βρώμικο.	'O.K.... The car needs washing. It's very dirty'.
- Δέν πειράζει. Τί χρωστούμε;	'Never mind. What's the bill?'
- 840 η βενζίνη, 290 το λάδι και 180 το μπουζί. Σύνολο 1310.	'840 for petrol, 290 for oil and 180 for the spark plugs. Total 1310'.
- Ορίστε δεκατέσσερα κατοστάρικα	'Here, fourteen one-hundred drachma notes'.
- Μάλιστα, κύριε. 90 δραχμές ρέστα. Ευχαριστώ.	'Yes, sir. 90 drachmas change. Thanks'.

Τηλεφωνώ στο ξενοδοχείο/Telephoning a hotel

- Εμπρός; Ξενοδοχείο «Γαλήνη» εκεί;	'Hullo? Is that the 'Galini' hotel?'
- Λάθος κάνετε. Τί νούμερο θέλετε;	'Wrong number. What number do you want?'
- Έξι, δεκαοχτώ, έξι, εικοσιτρία.	'Six, one, eight, six, two, three'.
- Όχι. Εδώ είναι εφτά, δεκαοχτώ...	'No, this is seven, one, eight...'
- Συγγνώμη!	'I'm sorry'.
- Ξενοδοχείο «Γαλήνη»...	'This is the 'Galini' hotel...'
- Παρακαλώ έχετε ελεύθερα δωμάτια;	'Please, have you got any rooms available?'
- Πόσα θέλετε;	'How many do you want?'
- Δύο. Ενα μονό κι ένα διπλό.	'Two. One single and one double'.
- Μονά δεν έχουμε. Έχουμε μόνο δύο διπλά.	'We have no singles. We have only two doubles'.
- Πόσο κοστίζει το καθένα;	'How much are they each?'
- 1000 δραχμές την ημέρα.	'1000 drachmas a night'.
- Κρατήστε τα για μας. Το όνομά μου είναι ...	'Keep them for us. My name is ...'.

Proverbs, idiomatic expressions and reading passages

Introduction

Having worked through the grammar lessons and mastered the basic construction of the Greek language, the reader will need to learn about the everyday colloquial expressions that are so necessary for a working grasp of conversational Greek.

Obviously it is impossible to include an exhaustive collection of Greek proverbs and idioms: there is space here to give only some of the most common and useful. The learner should read these aloud (after listening to the recording if possible), and imagine situations in which he might use them. He would do well to select those he considers most useful and then learn them by heart. Following the idioms, there is a selection of extracts from some well-known modern Greek writers and poets - such as Kazantzakis, Cavafy and Myrivilis; Gatsos and the two Nobel prize winning poets, Seferis and Elytis. Some short travel stories written by the author of this book are also included. One of the great satisfactions of learning a foreign language is that new literature becomes available. You should get into the habit of reading Greek as soon as possible and there is no reason for not starting with the best. We hope these extracts will show you something of the beauty of Greek literature, a literature with the longest and perhaps the noblest historical tradition in the Western World. The extracts given here will open for the student a new and fascinating world, the world of Greece which attracted other cultures for thousands of years. The English translations on the opposite pages should be referred to as little as possible, and we suggest that you try reading the Greek extracts aloud.

Proverbs

Τρώγοντας έρχεται η όρεξη	The appetite comes with eating
Ω ήθη, ω καιροί!	Other times, other customs!
Πολύς θόρυβος για το τίποτε	Much (noise) ado about nothing
Τα μεγάλα πνεύματα συναντιούνται	Great minds think alike
Οι καλοί λογαριασμοί κάνουν τους καλούς φίλους	Good accounts make good friends
Όταν λείπει η γάτα, χορεύουν τα ποντίκια	When the cat's away, the mice (dance) will play
Πές μου τους φίλους σου, να σου πω ποιός είσαι	Tell me who your friends are, I will tell you what you are
Ο σκοπός αγιάζει τα μέσα	The end justifies the means
Τυχερός στα χαρτιά, άτυχος στον έρωτα	Lucky at cards, unlucky in love
Όπου υπάρχει καπνός, υπάρχει και φωτιά.	There is no smoke without a fire
Κάθε αρχή δυσκολία	It is only the first step that is difficult
Μάτια που δεν βλέπονται, γρήγορα λησμονιούνται	Out of sight, out of mind
Κρύα χέρια, ζεστή καρδιά	Cold hands, warm heart
Κάλλιον αργά παρά ποτέ	Better late than never
Ουδείς προφήτης δεκτός εν τη πατρίδι αυτού	No man is a prophet in his own country
Οφθαλμόν αντί οφθαλμού και οδόντα αντί οδόντος	Eye for eye and tooth for tooth
Η αργία μήτηρ πάσης κακίας	Idleness is the mother of all vice
Γελά καλά όποιος γελά τελευταίος	He who laughs last, laughs longest
Κατά πατέρα και ο γιος	Like father like son
Ένα χελιδόνι δεν φέρνει την Άνοιξη	One swallow does not make a (spring) summer
Όπου υπάρχει θέληση υπάρχει ένας τρόπος	Where there's a will, there's a way

144

Η αρχή είναι το ήμισυ του παντός	A good beginning is half the battle
Τα καλά κόποις κτώνται	No pains, no gains
Φασούλι, το φασούλι, γεμίζει το σακκούλι	Little and often fills the purse
Κάλλιο πέντε και στο χέρι, παρά δέκα και καρτέρει	A bird in the hand is worth two in the bush
Μην επαινέσεις την αρχήν αν δεν ιδείς το τέλος	Praise a fair day at night
Μήποτε συνάγουσιν από ακανθών σταφυλάς;	Do men gather grapes or thorns?
Ουκ αν λάβοις παρά του μη έχοντος	A man cannot give what he hasn't got
Το ράσο δεν κάνει τον παπά	The cowl does not make the monk
Όλα δεν γίνονται σε μια μέρα	Rome was not built in a day
Τα λόγια θα περάσουν, μα τα έργα θα φανούν	Actions speak louder than words
Στην αναβροχιά καλό και το χαλάζι	Half a loaf is better than no bread
Κάθε τόπος έχει και τα έθιμά του	So many countries, so many customs
Άσπρος τοίχος χαρτί των τρελλών	A white wall is a fool's paper
Συν Αθηνά και χείρα κίνει	God helps those who help themselves
Σπίτι μου σπιτάκι μου, φτωχοκαλυβάκι μου	There is no place like home
Στην ώρα της, μια βελονιά σε γλυτώνει από εννιά	A stitch in time saves nine
Κάθε πουλί με τη φωνή του χαίρεται	Each bird loves to hear himself sing
Ο ψεύτης δεν πιστεύεται κι όταν λέει την αλήθεια	A liar is not believed even when he speaks the truth
Όποιος κυνηγάει δυό λαγούς, δεν πιάνει κανένα	If you run after two hares, you will catch neither
Τα γινόμενα δεν απογίνονται	Things already done cannot be undone
Εγώ Γραικός γεννήθηκα, Γραικός θε να πεθάνω	A Grecian I was born, a Grecian I will die
Παν μέτρον άριστον	Moderation in all things

146

Τρώγε για να ζεις, και μη ζεις για να τρώγεις	Eat to live, and not live to eat
Ότι έγινε έγινε	It's no use crying over spilt milk
Μηδένα προ του τέλους μακάριζε	Don't count your chickens before they are hatched
Δείξε μου τον ψεύτη να σου δείξω τον κλέφτη	Show me a liar, and I will show you a thief
Λέγε την αλήθεια, νάχεις το Θεό βοήθεια	Tell the truth and shame the devil
Στον πατέρα μου χρωστώ τη ζωή, στο δάσκαλό μου την καλή ζωή	To my father I owe my life, to my teacher the good life
Κοιμήσου με τ᾽ αρνιά και ξύπνα με τον κορυδαλλό	Go to bed with the lamb, and rise with the lark
Άλλαι μεν βουλαί ανθρώπων, άλλα δε Θεός κελεύει	Man proposes and God disposes
Όπως στρώσεις, έτσι θα πλαγιάσεις	As you make your bed, so you must lie on it
Με την υπομονή όλα κατορθώνονται	Everything comes to him who waits
Ό,τι γιαλίζει δεν είναι διαμάντι	All that glitters is not gold
Ό,τι δεν γίνεται τη μια φορά, γίνεται την άλλη	You never know what you can do till you try
Πέτρα που κατρακυλά δεν μαζεύ-ει χόρτα	A rolling stone gathers no moss
Όπου λαλούν πολλοί πετεινοί, αργεί να ξημερώσει	Too many cooks spoil the broth
Άλογο που σου χαρίσανε μην το κοιτάς στα δόντια	Do not look a gift horse in the mouth
Κάλλιο σήμερα ένα αυγό, παρά αύριο μια κότα	Better an egg today than a hen tomorrow
Ο λόγος σας ας είναι πάντοτε με χάρη	Let your speech be always with grace
Ο λόγγος έχει αυτιά κι ο κόσμος έχει μάτια	Fields have eyes and woods have ears.
Σαν κερδίζεις εύκολα, ξοδεύεις κι εύκολα	Money that is easily earned is soon spent
Ο πλούτος δεν μένει για πάντα	Riches are not forever
Ο καιρός δεν περιμένει	Time and tide wait for no man
Καλύτερα να δίνεις παρά να λαμβάνεις	It is more blessed to give than to receive.
Το αίμα νερό δεν γίνεται	Blood is thicker than water

Ακριβός στα πίτουρα και φτηνός στ᾽ αλεύρι	Penny wise, pound foolish
᾽Αλλαξε ο Μανολιός κι έβαλε τα ρούχα του αλλιώς	The leopard cannot change its spots
Αμαρτίαι γονέων παιδεύουσι τέκνα	The sins of the fathers are visited upon their children
Μην αναβάλλεις για αύριο ό,τι μπορείς να κάνεις σήμερα	There is no time like the present
Ο φίλος στην ανάγκη φαίνεται	A friend in need is a friend indeed
Ανεμομαζώματα διαβολοσκορπίσματα	Easy come easy go
᾽Οποιος βιάζεται, σκοντάφτει	More haste less speed
Ακόμη δεν τον είδαμε και Γιάννη τον εβγάλαμε	We count our chickens before they are hatched
Το ψάρι βρωμάει από το κεφάλι	Corruption starts from the leaders
Γηράσκω αεί διδασκόμενος	The older I grow, the more I learn
Το δέντρο γνωρίζεται από τον καρπό	A tree is known by its fruit
Τα εν οίκω μη εν δήμω	Don't air your dirty linen in public
Διαίρει και βασίλευε	Divide and rule
῎Ο,τι σπείρεις θα θερίσεις	You will reap what you have sown
Καθαρός ουρανός αστραπές δεν φοβάται	A clear conscience fears nothing
Καιρός παντί πράγματι	Each thing at the proper time
Τράβα με κι ας κλαίω	I pretend that I do not like what I strongly desire
Ο κόσμος τόχει τούμπανο κι εμείς κρυφό καμάρι	It is a public secret
Πήγα για μαλλί και βγήκα κουρεμένος	I get the opposite of what I am looking for
Το φυσάει και δεν κρυώνει	Once beaten twice shy
Το πάθημα έγινε μάθημα	Misfortune gives lessons
Ο πνιγμένος από τα μαλλιά του πιάνεται	A drowning man clutches at a straw
Το μεγάλο ψάρι τρώει το μικρό	The survival of the fittest
Ο χρόνος είναι χρήμα	Time is money
Μηδέν άγαν	Moderation in all things

Το ξύλο βγήκε απ' τον
  Παράδεισο
Πάταξον μέν, άκουσον δε
Εν οίδα ότι ουδέν οίδα

'Ομοιος ομοίω αεί πελάζει

Περασμένα ξεχασμένα
Αγάπα τον πλησίον σου
Από το στόμα σου και στου Θεού
  τ' αυτί
Γυρεύω ψύλλο στ' άχυρα
Νους υγιής εν σώματι υγιεί

Spare the rod and spoil the
  child
Strike me, but listen to me
I know one thing, that I know
  nothing
Birds of a feather flock
  together
Let bygones be bygones
Love your neighbour
May God grant it

I look for a needle in a haystack
A healthy mind in a healthy
  body

Idiomatic expressions

αγάλια-αγάλια	little by little
όπως αγαπάτε	do as you like
αγκαζάρω θέση	I make a reservation
άδειασέ μου τη γωνιά	go away!
μου είναι αδιάφορο	it is all the same to me
αέρας κουπανιστός	hot air
άκου λέει	certainly
δεν βγάζω άκρη	I cannot make head nor tail of it
αλλάζω γνώμη	I can change my mind
εκτός αμφιβολίας	beyond doubt
κάθομαι σε αναμμένα κάρβουνα	I am on pins and needles
άνοιξε η γη και τον κατάπιε	he disappeared
άνω κάτω	upside-down
άξιος της τύχης του	it serves him right
εξ απαλών ονύχων	since early childhood
άπαξ και δια παντός	once and for all
εξ άπαντος	without fail, by all means
είμαι απασχολημένος	I am busy
ο άπιστος Θωμάς	doubting Thomas
απ᾽ εδώ και μπρος	from now on
από περιέργεια	out of curiosity
αποκλείεται	it is impossible
αποκύημα της φαντασίας	a mere fancy
αργά ή γρήγορα	sooner or later
μου αρέσει	I like it
στο άψε σβήσε	in a flash
αρκεί!	that's enough, that will do!
κατ᾽ αρχήν	in principle
άσε τ᾽ αστεία	stop joking
αστειεύεσαι;	are you kidding?
ασχέτως	regardless of
αφ᾽ ενός...	on the one hand...
αφ᾽ ετέρου	on the other (hand)
άφησέ με ήσυχο	leave me alone
με αφορά	it concerns me
βάζω τα δυνατά μου	I do my best

εκ βάθους καρδίας	from the bottom of my heart
βαστιέται καλά	he is well off
δεν υπάρχει βία	there is no hurry
μετά βίας	with difficulty
του'στριψε η βίδα	he got mad
βρεγμένος ως το κόκκαλο	wet through, soaked to the skin
βρέχει καρεκλοπόδαρα	it rains cats and dogs
με το γάντι	politely
ξεκαρδίζομαι στα γέλια	I burst into laughter
γέννημα και θρέμμα	born and bred
μη γένοιτο, Θεέ μου!	God forbid!
τι έγινε;	what happened?
φτηνά τη γλύτωσε	he had a narrow escape
βγάζω γλώσσα	I answer back
κατά τη γνώμη μου	in my opinion
το γουδί το γουδοχέρι	the same story all over again
στο κάτω-κάτω της γραφής	after all
δεν καταλαβαίνω γρυ	I cannot understand a thing
γυρίζω την πλάτη	I turn a cold shoulder to
γύρω-γύρω	all around
όχι δα!	certainly not! you don't say so!
το ξέρω στα δάκτυλα	I have it at my fingertips
εν καιρώ τω δέοντι	in due course
υπέρ το δέον	more than necessary
είναι για δέσιμο	he is crazy
από δεύτερο χέρι	second-hand
δηλαδή	that is to say (i.e.)
βρίσκω το διάβολό μου	to be blamed
πήγαινε στο διάβολο	go to hell
κάνω δίαιτα	I am on a diet
περνώ τις διακοπές μου	I spend my vacations
γιατί όχι;	why not?
δίνω ραντεβού	I fix an appointment
μου δίνει στα νεύρα	he gets on my nerves
έχω δίκιο	I am right
έχω άδικο	I am wrong
αυτό είναι δική μου δουλειά	this is my business
κοίτα τη δουλειά σου	mind your own business
δεν είναι δυνατό	it is impossible
με δυο λόγια	in a word
εγκαίρως	in time

ως εδώ και μη παρέκει!
απαγορεύεται
ελευθέρα είσοδος
πληρώνω μπροστά
εν ονόματι του νόμου
δεν ντρέπεσαι;

έχω την εντύπωση
εξαρτάται
εις το εξής
είμαι έξω φρενών
έξω απ᾽ εδώ
επίτηδες
έτσι δεν είναι;
έτσι κι έτσι
μην κάνεις έτσι
πού να πάρει η ευχή
μη με ζαλίζεις
κάνει ζέστη/κρύο
ζήτημα είναι
ζήτω!
τί ζητάτε εδώ;
εφ᾽ όσον ζω
να ζήσετε!
άσε με ήσυχο
θέλοντας μή θέλοντας
αν θέλει ο Θεός
προς Θεού

στη θέση σας
πάση θυσία
το ίδιο μου κάνει
εξ ίσου
είναι καθαρή τρέλλα
κάθε λίγο και λιγάκι
μια φορά κι έναν καιρό
περνώ τον καιρό μου
καρφί δεν του καίγεται
παράγινε το κακό
του κάκου
δεν είμαι στα καλά μου
καλά να πάθει
καλήν αντάμωση!

that's enough!
it is forbidden
admission free
    in advance
in the name of the law
are you not ashamed of
    yourself?
I am under the impression
it depends
from now on, in the future
I am furious
get lost
on purpose
is it not so?
so and so
pull yourself together
where in the world...
don't bother me
it is warm/cold
it is doubtful
long live! hurrah!
what do you want here?
as long as I live
congratulations!
leave me alone
willing or not, willy-nilly
please God
for God's sake
if I were you
at any price
it's all the same to me
as well as; equally
it is sheer madness
every now and then
once upon a time
I spend my time
he does not turn a hair
it has gone too far
in vain
I do not feel well
it serves him right
goodbye!

για καλό και για κακό	just in case
καλώς ορίσατε!	welcome!
κάνω ό,τι μου καπνίσει	I do as I please
πόσο κάνει;	how much does it cost?
κάποτε-κάποτε	once in a while
με όλη μου την καρδιά	with all my heart
κατά γράμμα	literally
κατά λάθος	by mistake
τα υπέρ και τα κατά	the pros and cons
κατάμουτρα	to one's face
κρατώ το κεφάλι ψηλά	I am proud of
δεν με νοιάζει	I don't care
κόβει και ράβει	he talks too much
κολοκύθια!	nonsense
εδώ είναι ο κόμπος	here lies the difficulty
δεν αξίζει τον κόπο	it is not worth-while
για τα μάτια του κόσμου	for appearance's sake
τί κρίμα!	what a pity!
κρυώνω	I am cold
φωτιά και λάβρα	very expensive, very high
εδώ που τα λέμε	by the way
ας μου λείπει	I would rather not
λίγο-λίγο	little by little
πες το λοιπόν	out with it!
κερνάει το μαγαζί	on the house
γίνομαι μαλλιά κουβάρια	we got into an argument
με τα πόδια	on foot
μέλι-γάλα	on good, peaceful terms
ο μήνας του μέλιτος	honeymoon
περάστε μέσα	come in, please
εν τω μεταξύ	in the meantime
στα μέτρα μου	made to measure
μια για πάντα	once and for all
από μνήμης	from memory
μου δίνει στα νεύρα	he gets on my nerves
δεν με νοιάζει	I don't care
κάτω τα ξερά σου	take your hands off
καθ' οδόν	on the way
όλη τη νύχτα	all night long
υπό τον όρον	under the condition
κάλλιο αργά παρά ποτέ	better late than never
προ παντός	first of all

πατείς με πατώ σε
δεν πειράζει

very crowded
never mind, it doesn't matter

Reading passages

(Translated into English by the author)

ΚΩΝΣΤΑΝΤΙΝΟΣ ΚΑΒΑΦΗΣ: ΠΕΡΙΜΕΝΟΝΤΑΣ ΤΟΥΣ
ΒΑΡΒΑΡΟΥΣ

- Τί περιμένουμε στην αγορά συναθροισμένοι;
- Είναι οι βάρβαροι να φθάσουν σήμερα.
- Γιατί μέσα στη Σύγκλητο μια τέτοια απραξία;
  Τί κάθονται οι συγκλητικοί και δεν νομοθετούνε;
- Γιατί οι βάρβαροι θα φθάσουν σήμερα·
  Τί νόμους πια να κάμουν οι συγκλητικοί;
  οι βάρβαροι σαν έρθουν, θα νομοθετήσουν.
- Γιατί ο αυτοκράτωρ μας τόσο πρωί σηκώθη
  και κάθεται στης πόλεως την πιο μεγάλη πύλη,
  στο θρόνο επάνω, επίσημος, φορώντας την κορώνα;
- Γιατί οι βάρβαροι θα φθάσουν σήμερα,
  κι ο αυτοκράτωρ περιμένει να δεχθεί
  τον αρχηγό τους. Μάλιστα ετοίμασε
  για να τον δώσει μια περγαμηνή. Εκεί
  τον έγραψε τίτλους πολλούς κι ονόματα.
- Γιατί οι δυό μας ύπατοι και πραίτορες εβγήκαν
  σήμερα με τες κόκκινες και κεντημένες τόγιες;
  γιατί βραχιόλια φόρεσαν με τόσους αμεθύστους
  και δαχτυλίδια με λαμπρά γυαλιστερά σμαράγδια;
  γιατί να πιάσουν σήμερα πολύτιμα μπαστούνια
  μ' ασήμια και μαλάματα έκτακτα σκαλιγμένα;
- Γιατί οι βάρβαροι θα φθάσουν σήμερα
  και τέτοια πράγματα θαμπώνουν τους βαρβάρους.
- Γιατί κι οι άξιοι ρήτορες δεν έρχονται σαν πάντα
  να βγάλουνε τους λόγους τους, να πούνε τα δικά τους;
- Γιατί οι βάρβαροι θα φθάσουν σήμερα
  κι αυτοί βαριούνται ευφράδειες και δημηγορίες.
- Γιατί ν' αρχίσει μονομιάς αυτή η ανησυχία
  κι η σύγχυσις· (τα πρόσωπα τί σοβαρά που εγίναν!);
  Γιατί αδειάζουν γρήγορα οι δρόμοι κι οι πλατέες,
  κι όλοι γυρνούν στα σπίτια τους πολύ συλλογισμένοι;
- Γιατί ενύχτωσε κι οι βάρβαροι δεν ήρθαν·
  και μερικοί έφθασαν απ' τα σύνορα
  και είπανε πως βάρβαροι πια δεν υπάρχουν.
- Και τώρα τί θα γένουμε χωρίς βαρβάρους;
  Οι άνθρωποι αυτοί ήσαν μια κάποια λύσις.

CONSTANTINE CAVAFY (1863-1933): EXPECTING THE BARBARIANS

- What are we waiting for, assembled in the public square?
- The barbarians are to arrive today.
- Why such inaction in the Senate?
  Why do the Senators sit and pass no laws?
- Because the barbarians are to arrive today.
  What further laws can the Senators pass?
  When the barbarians come they will make the laws.
- Why did our emperor wake up so early,
  and sit at the principal gate of the city,
  on the throne, in state, wearing his crown?
- Because the barbarians are to arrive today.
  And the emperor waits to receive
  their chief. Indeed he has prepared
  to give him a scroll. Therein he engraved
  many titles and names of honour.
- Why have our two consuls and the praetors come out
  today in their red, embroidered togas?
  Why do they wear amethyst-studded bracelets,
  and rings with brilliant glittering emeralds?
  Why are they carrying costly canes today,
  superbly carved with silver and gold?
- Because the barbarians are to arrive today,
  and such things dazzle the barbarians.
- Why don't the worthy orators come as usual
  to make their speeches, to have their say?
- Because the barbarians are to arrive today;
  and they get bored with eloquence and orations.
- Why this sudden unrest and confusion?
  (How solemn their faces have become.)
  Why are the streets and squares clearing quickly,
  and all return to their homes, so deep in thought?
- Because night is here but the barbarians have not come.
  Some people arrived from the frontiers,
  and they said that there are no longer any barbarians.
- And now what shall become of us without any barbarians?
  Those people were a kind of solution.

ΓΙΩΡΓΟΥ ΣΕΦΕΡΗ: ΕΠΙΦΑΝΕΙΑ

Κράτησα τη ζωή μου

Κράτησα τη ζωή μου, κράτησα τη ζωή μου ταξιδεύοντας
ανάμεσα στα κίτρινα δέντρα κατά το πλάγιασμα της βροχής
σε σιωπηλές πλαγιές φορτωμένες με τα φύλλα της οξιάς,
καμιά φωτιά στην κορυφή τους· βραδιάζει.

Άνθη της πέτρας

Άνθη της πέτρας μπροστά στην πράσινη θάλασσα
με φλέβες που μου θύμιζαν άλλες αγάπες
γυαλίζοντας στ' αργό ψιχάλισμα,
άνθη της πέτρας φυσιογνωμίες
που ήρθαν όταν κανένας δε μιλούσε και μου μίλησαν
που μ' άφησαν να τις αγγίξω ύστερ' απ' τη σιωπή
μέσα σε πεύκα σε πικροδάφνες και σε πλατάνια.

Μέσα στις θαλασσινές σπηλιές

Μέσα στις θαλασσινές σπηλιές
υπάρχει μια δίψα υπάρχει μια αγάπη
υπάρχει μια έκσταση,
όλα σκληρά σαν τα κοχύλια
μπορείς να τα κρατήσεις στην παλάμη σου.

Μέσα στις θαλασσινές σπηλιές
μέρες ολόκληρες σε κοίταζα στα μάτια
και δε σε γνώριζα μήτε με γνώριζες.

GEORGE SEFERIS: (1900-1971): EPIPHANIA
(Literature Nobel Prize Winner 1963)

I've Kept a Hold on my Life

I've kept a hold on my life, I've kept a hold on my life, travelling
Among the yellow trees in the driving rain
On silent hillsides laden with beech leaves,
With no fires on their peaks; it is getting dark.

Flowers of the Stone

Flowers of the stone in front of the green sea
With veins reminding me of other loves
Shining in the slow fine rain,
Flowers of the stone, shapes
That came when nobody was speaking and they spoke to me,
That let me touch them after the silence
Among pines, oleanders and plane-trees.

In the Sea Caves

In the sea caves
There is a thirst, there is a love,
There is an ecstasy,
All hard like shells:
You can hold them in your hand.
In the sea caves
I looked into your eyes for whole days
And I did not know you, nor did you know me...

ΟΔΥΣΣΕΑΣ ΕΛΥΤΗΣ: ΠΙΝΟΝΤΑΣ ΗΛΙΟ ΚΟΡΙΝΘΙΑΚΟ

Πίνοντας ήλιο Κορινθιακό,
διαβάζοντας τα μάρμαρα,
δρασκελίζοντας αμπέλια θάλασσες,
σημαδεύοντας με το καμάκι
ένα τάμα ψάρι που γλιστρά,
βρήκα τα φύλλα που ο ψαλμός του ήλιου αποστηθίζει,
τη ζωντανή στεριά που ο πόθος χαίρεται ν᾽ ανοίγει
ν᾽ ανοίγει.

Πίνω νερό, κόβω καρπό,
χώνω το χέρι μου στις φυλλωσιές του ανέμου·
οι λεμονιές αρδεύουνε τη γύρη της καλοκαιριάς,
τα πράσινα πουλιά σκίζουν τα όνειρά μου,
φεύγω με μια ματιά,
ματιά πλατιά, όπου ο κόσμος ξαναγίνεται
όμορφος από την αρχή στα μέτρα της καρδιάς.

ΝΙΚΟΣ ΓΚΑΤΣΟΣ: ΡΟΔΟΣΤΑΜΟ

Στον άλλο κόσμο που θα πας, κύττα μη γίνεις σύννεφο
Κύττα μη γίνεις σύννεφο, κι᾽ άστρο πικρό της χαραυγής
Και σε γνωρίσ᾽ η μάννα σου, που καρτερεί στην πόρτα.
Πάρε μια βέργα λυγαριά, μια ρίζα δεντρολίβανο
Μια ρίζα δεντρολίβανο, και γίνε φεγγαροδροσιά
Να πέσεις τα μεσάνυχτα, στη διψασμένη αυλή σου.
Σε πότισα ροδόσταμο, με πότισες φαρμάκι
Της παγωνιάς αητόπουλο, της ερημιάς γεράκι.

ODYSSEUS ELYTIS (1912—): DRINKING THE CORINTHIAN SUN (Literature Nobel Prize Winner 1979)

Drinking the Corinthian sun
Reading the marble ruins
Striding over vineyard seas
Aiming with my harpoon
At votive fish that elude me
I found those leaves which the psalm of the sun memorizes
That living land which desire opens
With joy.

I drink water, cut fruit
Plunge my hands through the wind's foliage ;
Lemon trees quicken the pollen of summer days
Green birds cut through my dreams
And I leave, my eyes filled
With a boundless gaze where the world becomes
Beautiful again from the beginning according to the heart's measure.

NIKOS GATSOS (1915—): ROSEWATER

In the other world where you are going
See that you don't become a cloud
See that you don't become a cloud
And the bitter star of dawn
So that your mother, waiting at the door, recognizes you.
Take a cane of willow, a root of rosemary,
A root of rosemary and become the coolness of the moon.
And fall at midnight in your thirsty courtyard.
I gave you rosewater to drink, you gave me poison
The eagle-child of the frost, the hawk of the desert.

NIKOΣ ΚΑΖΑΝΤΖΑΚΗΣ: ΑΛΕΞΗΣ ΖΟΡΜΠΑΣ

Τον πρωτογνώρισα στον Πειραιά. Είχα κατεβεί στο λιμάνι να πάρω το βαπόρι για την Κρήτη. Κόντευε να ξημερώσει. Έβρεχε. Φυσούσε δυνατή σοροκάδα κι έφταναν οι πιτσιλιές της θάλασσας στο μικρό καφενεδάκι. Κλειστές οι τζαμόπορτες, μύριζε ο αγέρας ανθρώπινη βόχα και φασκόμηλο. Έκανε όξω κρύο και τα τζάμια είχαν παχνιστεί από τις ανάσες. Πέντ' έξι θαλασσινοί ξενυχτισμένοι με τις καφετιές από γιδότριχα φανέλες, έπιναν καφέδες και φασκόμηλα και κοίταζαν από τα θαμπωμένα τζάμια τη θάλασσα.

Τα ψάρια, παραζαλισμένα από τα χτυπήματα της φουρτούνας, είχαν βρει καταφύγιο χαμηλά στα ήσυχα νερά και περίμεναν πότε να γαληνέψει ο κόσμος απάνω· κι οι ψαράδες, στριμωγμένοι στους καφενέδες, περίμεναν κι αυτοί πότε να πάψει η θεϊκιά ταραχή, να ξεφοβηθούν και ν' ανέβουν στο πρόσωπο του νερού τα ψάρια να τσιμπήσουν. Οι γλώσσες, οι σκορπιοί, τα σελάχια, γυρνούσαν από τις νυχτερινές επιδρομές τους να κοιμηθούν. Ξημέρωνε.

Η τζαμόπορτα άνοιξε· ένας κοντός, ταγαριασμένος λιμανιώτης μπήκε· ξεσκούφωτος, ξυπόλυτος, ολολάσπωτος.

- Ε Κωσταντή, φώναξε ένας γέρος θαλασσόλυκος με γαλάζια πατατούκα, τί γίνεσαι, μπρέ;

Ο Κωσταντής έφτυσε ξαγριεμένος.

Τί να γίνουμαι; αποκρίθηκε. Καλημέρα, καφενέ! Καλημέρα, σπίτι! Καλημέρα, καφενέ! Καλημέρα σπίτι! Να η ζωή μου. Δουλειά, γιόκ!

Μερικοί γέλασαν, άλλοι κούνησαν το κεφάλι. Βλαστήμησαν.

- Η ζωή είναι ισόβια, είπε κάποιος μουστακαλής, που είχε κάμει τις φιλοσοφικές του σπουδές στον Καραγκιόζη· ισόβια, ανάθεμά την!

Γλυκό γαλαζοπράσινο φως παρέχυσε τα βρώμικα τζάμια, μπήκε κι αυτό στο καφενείο, κρεμάστηκε σε χέρια και μύτες και κούτελα, πήδηξε στο τζάκι, πήραν φωτιά οι μποτίλιες. Τα ηλεχτρικά έχασαν τη δύναμή τους, άπλωσε ο μαχμουρλής ξαγρυπνισμένος καφετζής το χέρι και τά 'σβησε.

Μια στιγμή σιωπή. Τα μάτια όλα σηκώθηκαν και κοίταξαν όξω

NIKOS KAZANTZAKIS (1883—1957): from "ZORBA THE GREEK"

I first met him in Piraeus. I wanted to take the boat for Crete
and had gone down to the port. It was almost daybreak and
raining. A strong sirocco was blowing the spray from the waves
as far as the little cafe, whose glass doors were shut. The cafe
reeked of brewing sage and human beings whose breath steamed
the windows because of the cold outside. Five or six seamen, who
had spent the night there, muffled in their brown goatskin reefer-
jackets, were drinking coffee or sage and gazing out of the misty
windows at the sea. The fish, dazed by the blows of the raging
waters, had taken refuge in the depths, where they were waiting
till calm was restored above. The fishermen crowding in the cafes
were also waiting for the end of the storm, when the fish,
reassured, would rise to the surface after the bait. Soles, hog-fish
and skate were returning from their nocturnal expeditions. Day
was now breaking.

The glass door opened and there entered a thick-set, mud-
bespattered, weather-beaten dock labourer with bare head and
bare feet.

"Hi! Kostandi!" called out an old sailor in a sky-blue cloak.
"How are things with you?"

Kostandi spat. "What d'you think?" he replied testily. "Good
morning - the cafe! Good night - my lodgings! That's the sort of
life I'm leading. No work at all!"

Some started laughing, others shook their heads and swore.

"This world's a life-sentence", said a man with a moustache who had
picked up his philosophy from the Karagiozis theatre. "Yes, a life-
sentence. Be damned to it".

A pale bluish-green light penetrated the dirty window-panes of
the cafe and caught hands, noses and foreheads. It leapt on to
the counter and lit the bottles. The electric light faded, and the
proprietor, half-asleep after his night up, stretched out his hand
and switched off.

There was a moment's silence. All eyes were turned on the dirty-
looking sky outside. The roar of the waves could be heard and,
in the cafe, the gurgling of a few hookahs.

τη λασπωμένη μέρα. Ακούστηκαν τα κύματα που σπούσαν μουγγρίζοντας και μέσα στον καφενέ μερικοί ναργιλέδες που γουργούριζαν.

Ο γέρο-θαλασσόλυκος αναστέναξε.

- Μωρέ, τί να γίνεται ο καπετάν Λεμονής; φώναξε. Ο Θεός να βάλει το χέρι του.

Κοίταξε με άγριο μάτι πέρα τη θάλασσα.

- Φτού σου, αντρογυνοχωρίστρα! έγρουξε και δάγκασε το ψαρό μουστάκι του.

Καθόμουν σε μια γωνιά, κρύωνα, παράγγειλα και δεύτερο φασκόμηλο· νύσταζα· πάλευα με τον ύπνο, με την κούραση και με την πρωϊνή θλίψη της μέρας. Κοίταζα από τα θαμπά τζάμια το λιμάνι που ξυπνούσε κι ούρλιαζε με τις βαπορίσιες σειρήνες του και με τους αραμπάδες και τους βαρκάρηδες. Κοίταζα, κοίταζα, κι ένα παραγάδι από θάλασσα, βροχή και μισεμό, πυκνό πολύ, συντύλιγε την καρδιά μου.

Είχα καρφώσει τα μάτια αντίκρυ στη μαύρη πλώρα μεγάλου βαποριού, βουλιαγμένου ακόμα από την κουπαστή και κάτω μέσα στη νύχτα. Έβρεχε κι έβλεπα τα νήματα της βροχής, που έσμιγαν τον ουρανό με τη λάσπη.

Κι ως κοίταζα το μαύρο βαπόρι και τους ίσκιους και τη βροχή, σιγά σιγά έπαιρνε πρόσωπο η πίκρα μου, ανέβαιναν οι θύμησες, στερεώνουνταν στον υγρόν αέρα, καμωμένος από βροχή και λαχτάρα, ο αγαπημένος φίλος. Πότε; Πέρυσι; σε άλλη ζωή; χτές; είχα κατέβει στο λιμάνι ετούτο να τον αποχαιρετήσω. Βροχή θυμούμαι πάλι και κρύο και ξημερώματα· κι η καρδιά πάλι φούσκωνε ανταρεμένη.

The old sailor sighed: "I wonder what has happened to Captain
Lemoni? May God help him!" He looked angrily at the sea, and
growled: "God damn you for a destroyer of homes!" He bit his
grey moustache.

I was sitting in a corner. I was cold and I ordered a second glass
of sage. I wanted to go to sleep, but I struggled against the desire
to sleep, and against my fatigue and the desolation of the early
hours of dawn. I looked through the steamy windows at the
awakening port resounding with the ships' sirens and the cries of
carters and boatmen. And, as I looked, an invisible net, woven
from sea, air, and my departure, wound its tight meshes round
my heart.

My eyes were glued to the black bows of a large vessel. The
whole of the hull was still engulfed in darkness. It was raining
and I could see the shafts of rain link sky and mud.

I looked at the black ship, the shadows and the rein, and my
sadness took shape. Memories arose. The rain and my spleen
took on, in the humid atmosphere, the features of my great
friend. Was it last year? In another life? Yesterday? When was it
I came down to this same port to say goodbye to him? I
remembered how it rained that morning, too, and the cold, and
the early light. At that time also, my heart was heavy.

ΣΤΡΑΤΗΣ ΜΥΡΙΒΗΛΗΣ: Η ΖΩΗ ΕΝ ΤΑΦΩ

Σκάλιζα σήμερα μέσα στο γκρίζο μπαουλάκι της εκστρατείας, γυρεύοντας κάποιο επίσημο έγγραφο της στρατιωτικής μου υπηρεσίας που μου χρειάστηκε ύστερ' από τόσα χρόνια. Είναι ένα γερό γερμανικό κασελάκι του στρατού, χρονώ πράμα, πούχα πετάξει μέσα σ' ένα σωρό θυμητάρια του πολέμου. Σαν άνοιξα τη σκουριασμένη του κλειδωνιά, το καπάκι έτριξε σαν να ξεκάρφωσα μια παλιά ξεχασμένη λειψανοθήκη. Ήταν εκεί μέσα ένα μπρούτζινο μεσοφέγγαρο που δάγκωνε ένα μαυρισμένο άστρο, κομμένο από το κοντάρι κάποιας τούρκικης σημαίας. Ήτανε το σπαθί μου, μια σιδερένια κάσκα, μια γερμανική μουτσούνα για τ' ασφυξιογόνα σα γουρουνίσια μούρη, ήτανε τ' απολυτήριό μου με τα ξεθωριασμένα γράμματα της γραφομηχανής, ένας πετσένιος χαρτοφύλακας, κάτι φωτογραφίες, δυο-τρεις χειροβομβίδες κι ένα σωρό άλλα μικροπράματα. Ήτανε κι ένα χοντρό δέμα από στρατσόχαρτο, δεμένο σταυρωτά με σπάγγο, πούχα ξεχάσει πια τί είχε μέσα. Ψαλίδισα τους κόμπους του και ξεχύθηκαν με πένθιμο θρόισμα ένα σωρό τετράδια και κατεβατά από λογής - λογής χαρτί, γραμμένα όλα πυκνά - πυκνά, με γράψιμο στρωτό και πολύ σφιχτό. Αναθυμήθηκα τότες, και πάνω στο χοντρόχαρτο ξαναδιάβασα τη μισοσβεσμένη παλιά μου σημείωση με το γαλάζιο μολύβι:

Τα χειρόγραφα του λοχία Αντώνη Κωστούλα

Σαν ένα σιχαμερό κοπάδι ποντίκια με τριγυρίζουν πάλι όλες αυτές οι θύμησες, τώρα που κάθομαι και πασπατεύω με τα μάτια τούτα τα καβουριασμένα παλιόχαρτα, που τάχα ξεχάσει ολότελα τόσα χρόνια. Σήμερα, που ξαναπρόβαλαν στα εγκόσμια, είπα ν' αποφασίσω να τα τυπώσω. Είναι γραμμένα σαν είδος γράμματα σε μια κοπέλα, που τ' όνομά της δεν φαίνεται πουθενά. Αν ζει κι αν υπάρχει, ας μου συγχωρέσει τούτη την αποκοτιά. Μα εγώ λέω πως ήτανε κιόλας ένα χρέος ετούτο που κάνω. Γιατί μέσα σ' αυτά τα χαρτιά θροεί μια ψυχή τυραγνισμένη, που είναι ένα μέρος της Παγκόσμιας ψυχής. Θαρρώ πως τούτα 'δω τα μιλήματα, που δεν τους στάθηκε τυχερό να φτάσουν ώς τη γυναίκα που γιαυτήν γραφόντανε, ανήκουν κάπως και σ' όλες τις γυναίκες που άγγισε ο πόλεμος, ακόμα και σε κάθε ανθρώπινο πλάσμα που γιόμισε από τις απορίες του πολέμου, κι απλώνει τα χέρια ζητιανεύοντας την πανανθρώπινη αγάπη.

STRATIS MYRIVILIS (1892—1969): LIFE IN TOMB

Today I rummaged through my little grey field-chest. I was
searching for a certain official document pertaining to my
military service, a document which I needed once more,
although many many years had gone by. At the end of the war I
had deposited a pile of mementoes in this old army-chest, a
wooden one of German manufacture, very solid and antique.
Now, when I released its rusty clasp, the cover creaked so loudly
that I imagined I was prying open the lid of an ancient and
forgotten reliquary. Inside I found a bronze half moon biting a
tarnished star (torn off some Turkish flagstaff), my sword, a steel
helmet, a German gas-mask shaped like a pig's snout, my
discharge papers with their faded typewritten letters, some
photographs, a leather portfolio, two or three hand-grenades, and
a whole collection of other odds and ends. In addition, I
discovered a large packet done up in brown paper and tied
crosswise with twine. By this time I had completely forgotten
what was inside. I snipped the knots with some scissors and
undid the wrapping, exposing a sheaf of copybooks and loose
sheets of various sizes, all of which poured out with a mournful
rustle. The pages were densely covered with writing in a uniform
but extremely cramped hand. Then I suddenly remembered the
note I had formerly placed on the wrapping paper in blue pencil.
Finding it - the letters were nearly obliterated - I read it once
more:

The Manuscripts of Sergeant Anthony Kostoulas

All these memories have surrounded me again like a troupe of
repulsive mice now that I have sat down and begun, with fingers
as well as eyes, to grope my way through these old wizened
papers which I had completely forgotten for so many years.
Today, the same day they re-emerged into the light, I resolved to
have them published. The form they take is epistolary: they are a
series of letters to a girl whose name nowhere appears. If this girl
is real, not imaginary, and if she is still alive, I must ask her to
forgive my audacity. In my opinion, however, I am actually
fulfilling an obligation by publishing the letters, because
murmuring within them is a tormented soul forming part of the
cosmic Oversoul. I feel that these utterances, which Fortune
prevented from reaching the woman for whom they were
intended, somehow belong to every woman directly touched by

Κι ύστερα (γιατί να κρύψω τούτη τη δεισιδαιμονία που με κυρίεψε και με τυραγνά;) Θαρρώ πως βγάζοντας στο φως ετούτα τα χαρτιά, ξαναζωντανεύω το σκοτωμένο παλικάρι, το σέρνω από το χέρι μες από τον ασημάδευτο τάφο του, του ξαναδίνω τη μιλιά και το φτωχό πνεύμα του που έλειωσε μαζί με τα μυαλά. Είναι βαρύ πράμα νάχετε μέσα σας έναν πεθαμένο που γυρεύει να μιλήσει και να του σφαλνάτε με την απαλάμη το στόμα. Γνέφει και κάνει παρακαλεστικά νοήματα προς την καρδιά σας απ' το υπερπέραν, θέλει να εκφραστεί. Ας μου συχωρεθεί τούτο το βιβλίο, γιατί μου είναι μια προσωπική απολύτρωση...

ΖΑΝΝΕΤΟΣ ΤΟΦΑΛΛΗΣ: ΤΑΞΙΔΙΑ ΣΤΗΝ ΕΛΛΑΔΑ

1) ΑΘΗΝΑ

Η Αθήνα μας είναι όμορφη πόλη.

Ελάτε να της κάνουμε μια γρήγορη επίσκεψη.

Πάμε πρώτα στην Πλατεία Συντάγματος. Να δούμε την αλλαγή της φρουράς στο Μνημείο του Αγνώστου Στρατιώτη. Να δούμε τη Βουλή. Να καθίσουμε σ' ένα από τα πολλά κέντρα της Πλατείας και να πιούμε μια πορτοκαλάδα να δροσιστούμε. Να διασταυρώσουμε ύστερα το δρόμο και να μπούμε στον Εθνικό Κήπο με τα ψηλά και πυκνά δέντρα. Η βλάστηση εδώ είναι τόσο πυκνή που νομίζεις πως βρίσκεσαι σε ζούγκλα. Και στη μέση είναι μια λιμνούλα, με παχιά σκιά, παχουλές πάπιες και πεταχτά σπουργίτια.
Και παντού λουλούδια, πρασινάδες, δροσιές.

Ύστερα ας κάνουμε ένα περίπατο στα μαγαζιά, στην οδό Πανεπιστημίου, στην οδό Σταδίου, στην Αιόλου. Να θαυμάσουμε τις βιτρίνες, ν' αγοράσουμε ενθύμια, να ξεφυλλίσουμε τα βιβλία.

carnage, and, beyond that, to every human being made destitute by war and standing now with outstretched hands, begging for love among all peoples of the world.

In addition (why should I hide the tormenting superstition which has taken hold of me?) I feel that in making these papers available I shall be resurrecting this gallant lad who was killed, shall be clasping him by the hand and drawing him out of his unmarked grave, giving him back the speech and share of intellect which decomposed along with his brains. It is a heavy thing to have a corpse inside you yearning to be heard, and to seal his lips with your palm. He signals you from the Beyond, beckons you with supplicating gestures directed at your heart - because he wishes to express himself.

For me, publishing this book is a personal redemption. That is why I ask forgiveness for doing so.

ZANNETOS TOFALLIS: GREEK TRAVELS

1) ATHENS

Our Athens is a beautiful city.

Come and pay a quick visit there.

First we go to Syntagma Square. Let us see the changing of the guard at the monument to the Unknown Soldier. Let us see the Parliament. Let us sit in one of the many cafes and drink an orange juice to refresh ourselves. Afterwards let us cross the road to enter the National Garden with the tall thick trees. Here the vegetation is so dense you would think you were in a jungle. And in the middle is a pond with deep shadows, fat ducks, bright sparrows and everywhere flowers, lawns and freshness.

Afterwards let us take a walk to the shops, in University Street, in Stadium Street and in Aeolos Street. Let us admire the windows, buy souvenirs and leaf through the books.

Είναι απαραίτητο να κάνουμε και μια επίσκεψη στα Μουσεία. Στο Αρχαιολογικό θα δούμε τους πλούσιους θησαυρούς, τη δόξα της αρχαίας Ελλάδας· τα μαρμάρινα και χάλκινα αγάλματα, τα χρωματιστά αγγεία, τα σκουριασμένα όπλα. Στο Μουσείο Μπενάκη θα δούμε τις όμορφες λαϊκές ενδυμασίες. Στο Βυζαντινό θα δούμε τις εικόνες και αλλού τόσα και τόσα άλλα.

Ας πάμε ακόμα να δούμε το Ζάππειο Μέγαρο, το Πανεπιστήμιο, τη Βιβλιοθήκη, την Ακαδημία, το Λυκαβηττό, τις εκκλησίες.

Κι ας μη ξεχάσουμε το καμάρι της Αθήνας, τ᾽ αρχαία. Τις στήλες του Ολυμπίου Διός, το Θέατρο του Ηρώδη του Αττικού, το Θησείο, την Αγορά και, πάνω απ᾽ όλα, την Ακρόπολη.

2) ΔΕΛΦΟΙ

Οι αρχαίοι Έλληνες, για να βρουν το κέντρο της γης, άφησαν δυο αετούς να πετάξουν, τον ένα από την ανατολή και τον άλλο από τη δύση. Οι αετοί συναντήθηκαν στούς Δελφούς. Εκεί έχτισαν ναό και τον αφιέρωσαν στον θεό Απόλλωνα. Με τον καιρό, ο ναός του Απόλλωνα έγινε το πιο φημισμένο θρησκευτικό κέντρο και μαζί το πιο σπουδαίο μαντείο της Αρχαίας Ελλάδας. Καθισμένη σ᾽ ένα τριπόδι, η Πυθία μασούσε φύλλα δάφνης κι έδινε χρησμούς. Και οι Έλληνες και οι ξένοι ακόμα έρχονταν από τά πέρατα του κόσμου για να φέρουν τα πλούσια τους δώρα και να πάρουν το χρησμό.

Μα οι χρησμοί της Πυθίας ήτανε πάντα διφορούμενοι. Μπορούσαν δηλαδή να εξηγηθούν με δύο τρόπους. Όταν οι Πέρσες το 480 π.Χ. πέρασαν από τις Θερμοπύλες και κατέβαιναν προς την Αθήνα, οι Αθηναίοι ρώτησαν το Μαντείο τί να κάνουν για να σωθούν. Και το μαντείο τους είπε: «Τα ξύλινα τείχη θα σας σώσουν»! Πολλοί έλεγαν τότε πως η Πυθία εννούσε τα ξύλινα τείχη που ήταν επάνω στήν Ακρόπολη, μα άλλοι έλεγαν πως ξύλινα τείχη ήταν τα πολεμικά πλοία, που τότε ήταν ξύλινα. Κι όταν κάποτε οι Λυδοί είχαν πόλεμο με τους Πέρσες, κι οι δυο στρατοί βρίσκονταν αντιμέτωποι στις δυο πλευρές του ποταμού, ο Κροίσος, ο βασιλιάς της Λυδίας, ρώτησε το μαντείο τί έπρεπε να κάνει για να νικήσει. Και το μαντείο απάντησε: «Αν περάσεις τον ποταμό θα καταστρέψεις ένα μεγάλο βασίλειο». Γεμάτος θάρρος, ο Κροίσος πέρασε τον ποταμό, μα κατάστρεψε το᾽ δικό του βασίλειο.

We must pay a visit to the Museums. At the Archaeological Museum we shall see the rich treasures, the glory of the ancient Greeks, the marble and bronze statues, the coloured vases, the rusty weapons. At the Benaki Museum we shall see the beautiful national costumes. At the Byzantine we shall see the icons, and elsewhere so many other things.

Let us go to see Zappeion Palace, the University, the Library, the Academy, Lycabettos, the churches.

And let us not forget the antiquities, the pride of Athens; the columns of Olympian Zeus, the theatre of Herodes Atticus, the Theseion, the market place and, above all, the Acropolis.

2) DELPHI

The ancient Greeks, to find the centre of the earth, let two eagles fly, one from the east, the other from the west. The eagles met at Delphi. There they built a temple and dedicated it to the god Apollo. In time the temple of Apollo became the most renowned religious centre and was among the most important oracles of Ancient Greece. Seated on a tripod, Pythia chewed laurel leaves and gave divinations. Greeks, and even foreigners too, came from the ends of the earth to bring their rich gifts and to consult the oracle.

But the oracles of Pythia always had a double meaning. That is to say, they could be interpreted in two ways. When the Persians, in 480 B.C., passed through Thermopylae and came down towards Athens, the Athenians asked the oracle what they should do to save themselves. The oracle told them: 'The wooden walls will save you'. Many said then that Pythia meant the wooden walls on the Acropolis, but others said that the wooden walls were the warships which were then made of wood. And once when the Lydians were at war with the Persians and the two armies found themselves face to face on two sides of a river, Croesus, the King of Lydia, had asked the oracle what he must do to win. The oracle had replied: 'If you cross the river, a great kingdom will fall'. Full of courage, Croesus crossed the river, but it was his own kingdom that fell.

Key to Exercises

LESSON 1

Exercise 1: the man, a girl, a mother, a father, the eye, the street, a door, a lemon, the apple, a woman.

Exercise 2: ένας άνθρωπος, το κορίτσι, μία γυναίκα, ένα μήλο, ο μήνας, μία μύτη, ένα όνομα, ο πατέρας, η μητέρα, ένας δρόμος.

Exercise 3: οι πατέρες, οι δρόμοι, οι εργάτες, οι μητέρες, οι αδελφές, οι γυναίκες, τα παιδιά, τα μήλα, τα ονόματα, τα κορίτσια.

LESSON 2

Exercise 4: 1 Οι μαθητές είναι έξυπνοι. 2 Οι κοπέλες είναι όμορφες. 3 Τα βιβλία είναι κόκκινα. 4 Οι γέροι είναι καλοί. 5 Οι νέοι είναι στις ταβέρνες. 6 Οι εργάτες είναι στα σπίτια. 7 Οι χτίστες είναι ψηλοί. 8 Οι γιατροί είναι ακριβοί. 9 Οι τραγουδίστριες είναι ξανθές. 10 Τα ξενοδοχεία είναι μεγάλα.

Exercise 5: 1 Ο μαθητής είναι μικρός. 2 Η γυναίκα είναι εργατική. 3 Το παιδί είναι στη θάλασσα. 4 Το ξενοδοχείο είναι γεμάτο. 5 Η κοπέλα (το κορίτσι) είναι μελαχρινή (ό). 6 Η Αγγλίδα είναι ξανθή. 7 Το εστιατόριο είναι φτηνό. 8 Ο δάσκαλος είναι ευγενικός. 9 Αυτή η γυναίκα είναι παχουλή. 10 Αυτό το βιβλίο είναι κόκκινο.

LESSON 3

Exercise 6: 1 He telephoned me on Wednesday evening. 2 He wrote to me from Thessaloniki. 3 They shopped for (bought) clothes and food for us. 4 We bought dolls and other presents for them. 5 I saw them yesterday in my office. 6 I explained the lesson to them. 7 In the morning I read the newspaper to her. 8 He spent all (his money) in the taverna. 9 I treated them all at the coffee house. 10 I met her at the college.

Exercise 7: 1 Τον είδα στην αγορά. 2 Με είδε στην ταβέρνα. 3 Τους είδαμε στο καμπαρέ. 4 Μας είπε να μην επισκεφτούμε εκείνο το χωριό. 5 Μας φίλησε όλους. 6 Του είπε να γυρίσει. 7 Τους αγοράσαμε πολύ ωραία δώρα. 8 Τους πήρα με το αυτοκίνητό μου στη θάλασσα. 9 Της έγραψες. 10 Της έδωσα ένα ωραίο δώρο.

Exercise 8: 1 My tie is red. 2 His trousers are grey. 3 My shirt is white. 4 Our salad is beautiful. 5 Their meal is delicious. 6 The handkerchief is white. 7 His hair is black. 8 Her stockings are nylon. 9 His money is English. 10 Our hair is grey. 11 Our shoes are black. 12 Their pens are red. 13 Their meal and their salad. 14 The table is beautiful.

Exercise 9: 1 Τα πουπούτσια μου είναι μαύρα. 2 Τα μαλλιά σου και τά μάτια σου είναι μαύρα. 3 Η μητέρα της είναι Ελληνίδα. 4 Η θάλασσα είναι γαλάζια και το αυτοκίνητο είναι κόκκινο. 5 Η ταβέρνα έχει κρασί και μπύρα. 6 Το φόρεμά της είναι κόκκινο και είναι όμορφο (ωραίο). 7 Η ελληνική σαλάτα είναι νόστιμα. 8 Τα πουκάμισά μας είναι άσπρα και οι γραβάτες μας είναι κόκκινες. 9 Τα αυτοκίνητά τους είναι μαύρα. 10 Η Αθήνα είναι πολύ ωραία. 11 Η Δάφνη έχει όμορφα μαλλιά. 12 Τα μαλλιά της είναι ξανθά. 13 Τα μάτια του είναι μαύρα. 14 Τα μαλλιά μας και τα μάτια μας είναι μαύρα. 15 Ο φίλος του είναι ο Νίκος και η φίλη μου είναι η Δάφνη.

LESSON 4

Exercise 10: 1 The greengrocer's apples are red. 2 The tomatoes of Cyprus are large. 3 The butter of New Zealand is nice. 4 The oranges of Cyprus are delicious. 5 The grapes are white. 6 Bananas are yellow. 7 The pears are green. 8 Greek cheese is good. 9 The cucumbers are green. 10 The fish from the taverna is beautiful.

Exercise 11: 1 Οι πατάτες του μανάβη. 2 Το κρασί της ταβέρνας. 3 Η φίλη του Νίκου. 4 Η μητέρα της Μαρίας. 5 Η αδελφή του Γιάννη. 6 Το τραπέζι της κουζίνας είναι άσπρο. 7 Ο φίλος του Μάριου είναι Έλληνας. 8 Ο φίλος της Ελένης είναι Άγγλος. 9 Το μάθημα της τάξης είναι ελληνικό. 10 Η θάλασσα της Ελλάδας είναι γαλάζια (γαλανή). 11 Ο καιρός της Κύπρου είναι ζεστός. 12 Τα σταφύλια της Κύπρου είναι θαυμάσια. 13 Τα μήλα του μανάβη είναι πράσινα. 14 Το τυρί του μπακάλη είναι ακριβό. 15 Τα τσιγάρα του Πέτρου είναι ελληνικά. 16 Τα τσιγάρα των Ελλήνων είναι φθηνά (φτηνά). 17 Τα παπούτσια των παιδιών είναι μαύρα. 18 Η ρετσίνα είναι το κρασί των Ελλήνων. 19 Η ταβέρνα είναι η λέσχη των Ελλήνων. 20 Οι κάρτες είναι ελληνικές (από την Ελλάδα).

Exercise 12: 1 Είμαι πολύ καλά, ευχαριστώ. 2 Αισθάνομαι πολύ καλά. 3 Έρχομαι (είμαι) από τήν Κύπρο. 4 Μένω στο Λονδίνο. 5 Ναι, έχω οικογένεια, γυναίκα και ένα γιό. 6 Μάλιστα, είμαι παντρεμένος. 7 Τον πατέρα μου τον λένε Χριστόφορο και τη μητέρα μου την λένε Κατερίνα. 8 Ναί, έχω ένα γιό. 9 Μου αρέσει το κρασί. 10 Μάλιστα, ο καιρός σήμερα είναι θαυμάσιος. 11 Ναί, πάρα πολύ μου αρέσει να διαβάζω βιβλία. 12 Μου αρέσει το ποδόσφαιρο. 13 Ναι, έζησα στην Ελλάδα. 14 Τώρα ζω (μένω) στο Λονδίνο. 15 Η οικογένειά μου ζει επίσης στο Λονδίνο. 16 Μου αρέσει πάρα πολύ το κολύμπι.

LESSON 5

Exercise 13: 1 Κάθε μέρα πίνω καφέ. 2 Κάθε βράδυ (νύχτα) πίνω ρετσίνα στην ταβέρνα. 3 Κάθε μέρα δουλεύω στο σχολείο. 4 Χτες πήγα στο σινεμά. 5 Αύριο θα πάω στο θέατρο. 6 Χτες το βράδυ (ψες) πήγα στο σπίτι της Δάφνης. 7 Απόψε θα πάω στο σπίτι της Μαρίας. 8 Αυτή την εβδομάδα θα πάω στην Κρήτη. 9 Καπνίζω είκοσι τσιγάρα την ημέρα. 10 Κάθε νύχτα πίνω δύο μπουκάλια κρασί.

Exercise 14: 1 Every day I eat apples. 2 Every week I drink three bottles of wine. 3 I go to the sea every Sunday. 4 Tonight I will go to the cinema. 5 I see the beautiful flowers of the garden. 6 This week I will go to Nicosia. 7 Tomorrow I will go to work in my car. 8 Every day I buy twenty cigarettes and matches. 9 Every morning I drink coffee. 10 I go to the theatre twice a month.

Exercise 15: 1 Michael, shave the gentleman. 2 Mary, bring an orangeade please. 3 Grandmother, come tonight. 4 Costas, give me a ring tomorrow. 5 What time shall we expect you, uncle? 6 Baker, we want five bread rings. 7 Aunt, shall we go to the theatre? 8 What time does the aeroplane depart, sir? 9 How much is the room, Mrs. Helen? 10 The meal was superb, Zacharias.

Exercise 16: 1 Γιάννη, φέρε μου μία μπύρα, παρακαλώ. 2 Ελένη, δώσε μου ένα ποτήρι νερό, παρακαλώ. 3 Γιαγιά, μπορείς να μου κάνεις ένα καφέ, παρακαλώ; 4 Πατέρα, θέλω να πάω στη θάλασσα. 5 Πέτρο, πάμε στην Ακρόπολη. 6 Είδες εκείνο το φίλμ, Κώστα; 7 Μαρία, έχεις διαβάσει εκείνο το βιβλίο; 8 Θεία, σε θέλουμε να έρθεις την Κυριακή. 9 Μπορώ να σταθμεύσω (παρκάρω) εδώ, κύριε; 10 Είναι αυτός ο δρόμος για τήν Κόρινθο, κύριε;

LESSON 6

Exercise 17: 1 τρώγω, τρώγεις, τρώγει, τρώγουμε, τρώγετε, τρώγουν. 2 καπνίζω, καπνίζεις, καπνίζει, καπνίζουμε, καπνίζετε, καπνίζουν. 3 φιλώ, φιλάς, φιλά, φιλούμε, φιλάτε, φιλούν. 4 δουλεύω, δουλεύεις, δουλεύει, δουλεύουμε, δουλεύετε, δουλεύουν. 5 χορεύω, χορεύεις, χορεύει, χορεύουμε, χορεύετε, χορεύουν. 6 ξέρω, ξέρεις, ξέρει, ξέρουμε, ξέρετε, ξέρουν. 7 γελώ, γελάς, γελά, γελούμε, γελάτε, γελούν. 8 ξυπνώ, ξυπνάς, ξυπνά, ξυπνούμε, ξυπνάτε, ξυπνούν. 9 μένω, μένεις, μένει, μένουμε, μένετε, μένουν. 10 κάνω, κάνεις, κάνει, κάνουμε, κάνετε, κάνουν.

Exercise 18: 1 Ο Νίκος μιλά στη Μαρία στα Ελληνικά. 2 Κάθε πρωί ο Μιχάλης αγοράζει μία εφημερίδα. 3 Η Ελένη και η Γιαννούλα πουλούν τσιγάρα στο σινεμά. 4 Ο Πέτρος και ο Γιώργος είναι φίλοι του Νίκου. 5 Η Σάντρα είναι ξανθιά με γαλανά μάτια. 6 Η Ελένη τραγουδά ωραία κάθε βράδυ στη λέσχη. 7 Αυτή τραγουδά ελληνικά και αγγλικά τραγούδια στη λέσχη. 8 Το πρωί πίνω τον καφέ μου και πηγαίνω στη δουλειά μου. 9 Ο Δημήτρης πουλά μήλα και αχλάδια με τον αδελφό του το Γιάννη. 10 Παίρνω το γιο μου με αμάξι στο σχολείο κάθε πρωί. 11 Η Δήμητρα είναι το κορίτσι με τα μαύρα μαλλιά και μάτια. 12 Μένω στο ξενοδοχείο κοντά στη θάλασσα.

Exercise 19: 1 My mother talks to Helen. 2 Nikos drinks coffee every morning. 3 Every night Despina and Nikos dance at the club. 4 In summer I live in London. 5 The blonde girl sings and dances beautifully. 6 I want a glass of brandy, please. 7 John takes the glass and drinks the wine. 8 Father and mother leave for work. 9 Charis sells cigarettes and matches. 10 My friend's car is white.

LESSON 7

Exercise 20: 1 ήθελα,ήθελες, ήθελε, θέλαμε, θέλατε, ήθελαν.
2 έγραφα, έγραφες, έγραφε, γράφαμε, γράφατε, έγραφαν.
3 αγόραζα, αγόραζες, αγόραζε, αγοράζαμε, αγοράζατε,
αγόραζαν. 4 έστελλα, έστελλες, έστελλε, στέλλαμε, στέλλατε,
έστελλαν. 5 έμενα, έμενες, έμενε, μέναμε, μένατε, έμεναν.

Exercise 21: 1 Ήθελα να αγοράσω αυτοκίνητο, αλλά δεν είχα
τα λεφτά. 2 Πήγα στην αγορά γιατί ήθελα ν' αγοράσω ψάρι
και κρέας. 3 Πήγαινα στο σινεμά με τη γυναίκα μου, όταν ήρθε
ο εξάδελφός μου. 4 Έμενα στο ξενοδοχείο «Φλώριδα» όταν
ήμουνα στην Κύπρο. 5 Η Ελένη έμενε στην Πάφο με τη
μητέρα της. 6 Θέλαμε ν' αγοράσουμε πολλά δώρα όταν πήγαμε
στήν Αθήνα. 7 Ψες ταξιδεύαμε με αεροπλάνο για τη Λευκωσία.
8 Ταξίδευες με τραίνο στη Γιουγκοσλαβία. 9 Έμενε στο
ξενοδοχείο του φίλου του, στη Λάρνακα. 10 Εμείς πίναμε και
εσείς τρώγατε όλη τη νύχτα στο κέντρο.

LESSON 8

Exercise 22: 1 Nikos will go to the sea. 2 Mary will stay at
home. 3 The children will go to the square. 4 The father will go
to the cinema. 5 The people will be at the seaside. 6 I will dance
at the taverna. 7 I will see a play at the theatre. 8 On Sunday we
will go to the taverna. 9 In August we will be on holiday. 10 We
will all learn Zorba's dance.

Exercise 23: 1 Απόψε θα πάω στο σινεμά με τη γυναίκα μου.
2 Αύριο θα πάω στο θέατρο με τη φίλη μου. 3 Την Κυριακή θα
πάμε όλοι μας στην εκκλησία. 4 Ο Πέτρος και η Μαρία θα
πάνε τόν Αύγουστο στην Ισπανία για τις διακοπές τους. 5 Η
Ελένη θα μείνει στο ξενοδοχείο κοντά στην παραλία.
6 Θα μάθεις να τραγουδάς ελληνικά τραγούδια και να
πίνεις ρετσίνα. 7 Θα φύγει από το σταθμό με τους φίλους του
αύριο το βράδυ. 8 Την Τρίτη θα φορέσω το καινούριο μου
κοστούμι γιατί θα πάω έξω. 9 Την Παρασκευή το βράδυ θα πιω
και θα χορέψω στο ελληνικό κέντρο με τους φίλους μου. 10 Θα
πάμε να δούμε τον εξάδελφό μας.

LESSON 9

Exercise 24: 1 έφυγα, έφυγες, έφυγε, φύγαμε, φύγατε, έφυγαν. 2 κοιμήθηκα, κοιμήθηκες, κοιμήθηκε, κοιμηθήκαμε, κοιμηθήκατε, κοιμήθηκαν. 3 ξύπνησα, ξύπνησες, ξύπνησε, ξυπνήσαμε, ξυπνήσατε, ξύπνησαν. 4 πούλησα, πούλησες, πούλησε, πουλήσαμε, πουλήσατε, πούλησαν. 5 αγόρασα, αγόρασες, αγόρασε, αγοράσαμε, αγοράσατε, αγόρασαν. 6 συνάντησα, συνάντησες, συνάντησε, συναντήσαμε, συναντήσατε, συνάντησαν. 7 οδήγησα, οδήγησες, οδήγησε, οδηγήσαμε, οδηγήσατε, οδήγησαν. 8 ήπια, ήπιες, ήπιε, ήπιαμε, ήπιατε, ήπιαν. 9 κάπνισα, κάπνισες, κάπνισε, καπνίσαμε καπνίσατε, κάπνισαν. 10 φίλησα, φίλησες, φίλησε, φιλήσαμε, φιλήσατε, φίλησαν.

Exercise 25: 1 I left Greece in July. 2 I ate potatoes and fish (fish and chips). 3 Helen ate egg-plants. 4 Costas ate okras (ladies' fingers). 5 The children ate water melon and melon. 6 The salad has pepper, oil, vinegar, tomatoes and cucumber. 7 We ate ice-cream and drank orangeade.

Exercise 26: 1 Ξύπνησα στις οχτώ. 2 Κοιμήθηκα στο ξενοδοχείο. 3 Συναντήσαμε τους φίλους μας στην Αθήνα. 4 Πούλησα το άσπρο αυτοκίνητό μου. 5 Αγόρασα ελληνικά δώρα. 6 Αυτή ήπιε ένα μπουκάλι ρετσίνα. 7 Φύγαμε από τήν Κρήτη το Σεπτέμβριο.

LESSON 10

Exercise 27: 1 I have sent a letter. 2 I have seen the film 'Zorba the Greek'. 3 Mary has cut her hair. 4 Nikos has written to her aunt. 5 The tourists have gone to the sea. 6 The grandmother has sat near the fire. 7 The grandfather has told the children a story. 8 The tourists have travelled by air. 9 We have been to Delphi and to Olympia. 10 You have eaten at the taverna.

Exercise 28: 1 Αυτή έχει στείλει ένα δώρο. 2 Έχουμε πάει στην Ακρόπολη. 3 Έχουν δει ένα καλό φιλμ. 4 Έχουν πάει στο θέατρο. 5 Έχουμε επισκεφτεί το Μουσείο. 6 Έχετε πιει ρετσίνα. 7 Αυτή έχει φάει σουβλάκια. 8 Έχει ταξιδέψει με πλοίο. 9 Έχουν αγοράσει πεπόνια και μήλα. 10 Έχουμε αγοράσει ελληνικά δώρα.

Exercise 29: 1 Έχω δει το Γιώργο. 2 Έχεις δει το φιλμ.
3 Έχουμε πάρει καφέ μαζί στο καφενείο. 4 Τον έχω
συναντήσει στο καφενείο. 5 Έχει φύγει νωρίς από τήν
ταβέρνα. 6 Έχουμε χορέψει πολύ καλά. 7 Μετά το χορό, είπε
πιει ένα μπουκάλι σέρρυ. 8 Είχαμε πάει όλη την ημέρα στην
Ακρόπολη. 9 Είχες αγοράσει ελληνικά αναμνηστικά δώρα.
10 Έχω πάει στην αγορά σήμερα. 11 Έχω δει τους Εύζωνες.
12 Έχεις πάει κολύμπι στη Βουλιαγμένη. 13 Είχαν πιει στην
ταβέρνα. 14 Είχαν συναντήσει Άγγλους τουρίστες. 15 Τους
είχε πει πολλά πράγματα για την Ελλάδα.

LESSON 11

Exercise 30: 1 παντρεύομαι, παντρεύεσαι, παντρεύεται,
παντρευόμαστε, παντρεύεστε, παντρεύονται. 2 σκέφτομαι,
σκέφτεσαι, σκέφτεται, σκεφτόμαστε, σκέφτεστε, σκέφτονται.
3 θυμάμαι, θυμάσαι, θυμάται, θυμούμαστε, θυμάστε, θυμούνται.

Exercise 31: 1 I am getting married on Sunday. 2 I remember
my friends. 3 We thought of going to the sea. 4 I am taught
Greek and Italian. 5 I am sorry for Costas's mother. 6 Mary is
getting engaged tomorrow. 7 I stand on the Acropolis and I see
Athens. 8 I am glad to be in Greece.

Exercise 32: 1 Η Ελένη παντρεύεται την Κυριακή. 2 Ο Κώστας
θυμάται τους φίλους του. 3 Αυτή σκέφτηκε να πάει στην
ταβέρνα. 4 Η Μαρία λυπάται τον πατέρα της. 5 Στεκόμαστε
πάνω στο βουνό. 6 Χαιρόμαστε που είμαστε στην Κύπρο.
7 Θυμούμαστε την Αθήνα. 8 Είναι πολύ καλοί φίλοι.

LESSON 12

Exercise 33: 1 θα λυπηθώ, θα λυπηθείς, θα λυπηθεί, θα
λυπηθούμε, θα λυπηθείτε, θα λυπηθούν. 2 θα χαρώ, θα χαρείς,
θα χαρεί, θα χαρούμε, θα χαρείτε, θα χαρούν. 3 θα ονειρευτώ,
θα ονειρευτείς, θα ονειρευτεί, θα ονειρευτούμε, θα ονειρευτείτε,
θα ονειρευτούν.

Exercise 34: 1 George and Mary will get up early in the morning.
2 The grandmother will be delighted to see the children.
3 Father and mother will sleep late. 4 Helen will dream of
Greece. 5 Today I will be at the sea. 6 At noon you will be at

the cafe. 7 The grandfather will remember the story. 8 The
tourists will rest at the hotel.

Exercise 35: 1 Θα χαρώ να δω την Αθήνα. 2 Αυτή θα χαθεί
στους δρόμους της Αθήνας. 3 Θα λυπηθώ να φύγω από την
Ελλάδα. 4 Θα σηκωθούν στις οχτώ. 5 Θα ξεκουραστούμε
κοντά στη θάλασσα. 6 Θα κουραστούμε στο λεωφορείο. 7 Θα
κοιμηθώ στις έντεκα απόψε.

LESSON 13

Exercise 36: 1 ήρθα, ήρθες, ήρθε, ήρθαμε, ήρθατε, ήρθαν.
2 γεύτηκα, γεύτηκες, γεύτηκε, γευτήκαμε, γευτήκατε, γεύτηκαν.
3 επισκέφτηκα, επισκέφτηκες, επισκέφτηκε, επισκεφτήκαμε,
επισκεφτήκατε, επισκέφτηκαν.

Exercise 37: 1 Costas and Helen were at the sea. 2 The children
tasted the ice-cream. 3 The stranger was lost in Thessaloniki.
4 The young man was afraid of the aeroplane. 5 Mary was
married to John. 6 Chryso was engaged to Andrew. 7 They were
very sorry that they missed the train. 8 The guests slept in the
hotel. 9 My brother came to England. 10 Today we visited the
museum.

Exercise 38: 1 Χτες επισκέφτηκα την Ακρόπολη.
2 Αρραβωνιάστηκες την Κυριακή. 3 Παντρεύτηκαν τον Ιούλιο.
4 Ήταν στο θέατρο. 5 Οι φίλοι μου ήρθαν από τήν Κύπρο.
6 Επισκέφτηκαν το Σούνιο. 7 Κοιμηθήκαμε στο σπίτι του
αδελφού μου. 8 Χάθηκαν (έχασαν το δρόμο τους) στην Αθήνα.
9 Εξετάστηκα στα Ελληνικά. 10 Χάρηκαν που ήταν στην
Κέρκυρα.

LESSON 14

Exercise 39: 1 Write a letter. 2 Send the parcel. 3 Drink wine.
4 Bring (some) brandy. 5 Send the present. 6 Come early
tonight. 7 Kiss the children. 8 Go away quickly. 9 Talk to Nikos
about the car. 10 Write to your mother. 11 Write (plural) to
your friends. 12 Will you give me five pounds? 13 Do you want
Mary? 14 Would you bring me a bottle of retsina? 15 Buy me an
ice-cream. 16 Buy me a red tie. 17 Kiss Andrew. 18 Kiss
Yannoula. 19 Read the lesson immediately. 20 Will you all come
to my house together?

Exercise 40: 1 Να φύγετε τώρα. 2 Να έρθεις στις πέντε.
3 Γράψε στη μητέρα σου. 4 Στείλε στο φίλο μου αυτό το
γράμμα. 5 Στείλε αυτό το πακέτο στη Μαρία. 6 Πριν φύγεις
πρέπει να πιεις τον καφέ σου. 7 Απόψε πρέπει να χορέψεις το
χορό του Ζορμπά. 8 Να έρθετε στο σπίτι μας. 9 Να έρθετε για
να πιούμε κανένα ποτό μια μέρα. 10 Να φέρετε μαζί σας τη
γυναίκα και τα παιδιά σας. 11 Πρέπει να πάτε να δείτε αυτό το
ωραίο φίλμ. 12 Πρέπει να πάτε να πιείτε σ᾽ αυτή την ταβέρνα.
13 Αγόρασέ μου αυτή τη γραβάτα, παρακαλώ, γιατί μου αρέσει.
14 Πούλησε αυτό το παλιό αμάξι, δεν είναι καλό. 15 Κέρασέ
την λίγα ποτά. 16 Τί πίνετε - καφέ, μπύρα ή προτιμάτε ένα
ποτήρι κονιάκ; 17 Καπνίζετε είκοσι τσιγάρα την ημέρα ή τη
νύχτα;

LESSON 15

Exercise 41: 1 Having stayed in Athens for two weeks, he
returned to England. 2 Longing to see the Acropolis, he went to
Athens. 3 They went to Crete wishing to see Knossos. 4 Seeing
the ancient monuments they were moved. 5 They were walking,
asking to find the post office. 6 They spent their money wishing
to see all Greece. 7 They left thanking their friends. 8 Having
bought some fruit, they returned to their hotel.

Exercise 42: 1 ῎Εφυγε καπνίζοντας. 2 Κάθισε στην καρέκλα
κλαίγοντας όλη μέρα. 3 Ταξίδεψε με ποδήλατο στο σπίτι του,
τραγουδώντας στο δρόμο. 4 Μας είπαν να πάμε στην ταβέρνα
γελώντας. 5 Γράφοντας στη μητέρα του, ένοιωσε πολύ
ευτυχισμένος. 6 Στέλλοντας το δώρο στο φίλο του, έγραψε
επίσης ένα γράμμα. 7 Φέρνοντας όλα τα φρούτα, δεν μπορούσα
να διαλέξω τι να πάρω. 8 Αγοράζοντας όλα τα είδη σοκολάτες,
δεν είχα άλλα λεφτά. 9 Πουλώντας το αυτοκίνητό μου, έγινα
πολύ πλούσιος!. 10 Ταξιδεύοντας στην Ελλάδα, είδα πολλά
ωραία τοπία. 11 Βλέποντας τόσα πολλά πράγματα στην
Ελλάδα, γύρισα κατενθουσιασμένος. 12 Επιστρέφοντας στο
Λονδίνο, σταμάτησα στο Παρίσι.

Exercise 43: 1 He wrote crying. 2 He left the house laughing.
3 He came in the office grumbling. 4 Having sold his house, he
left England. 5 After he saw London, he returned home.
6 Having bought a car, he came to Athens. 7 Having seen the
Acropolis, he wrote a book. 8 Having heard Greek music, he
went to the taverna. 9 Having danced at the taverna, he was

tired. 10 On his return home, he went to sleep. 11 After he got up, he shaved and washed. 12 After leaving Greece, he went to Cyprus.

LESSON 16

Exercise 44: 1 Last night Nikos danced beautifully at the taverna. 2 Daphne cooked well. 3 The grandmother prepared the breakfast quickly. 4 The grandfather was reading absent-mindedly. 5 The father left early this morning. 6 The mother cleaned carefully. 7 The children cleaned their hands at once. 8 The uncle and aunt came late. 9 They were (remained) pleased. 10 They left the theatre satisfied. 11 I never smoke. 12 I always watch the news on television.

Exercise 45: 1 Πήγε αργά στο σπίτι του. 2 Ήρθε στο γραφείο νωρίς. 3 Αυτή έφυγε νωρίς από την ταβέρνα. 4 Έφερε την κόρη του εδώ. 5 Άφησε τα χρήματά της αλλού. 6 Όταν άκουσε τα νέα, γύρισε πίσω. 7 Αργότερα ήπιε καφέ μαζί της. 8 Ο Φώτης πάντα την αγαπούσε. 9 Η Αντιγόνη είδε την πόλη κάτω από την Ακρόπολη. 10 Βρήκαν εύκολα το δρόμο τους. 11 Έστριψε στα αριστερά. 12 Χόρεψε γρήγορα το συρτάκι.

ΔΙΣΚΟΣ 1 Φ. Η

Exercise 46: 1 When will the children return? 2 Where shall we eat tonight? 3 How will they come from England? 4 Whose is the bicycle? 5 What will you drink, Mr Smith? 6 What do you prefer, coffee or tea? 7 Who else will come to the party? 8 Which aeroplane is arriving tonight? 9 Why are they late in arriving? 10 Where will they stay in Athens? 11 What will the young lady wear tonight? 12 How shall we go to Epidaurus?

Exercise 47: 1 Πού είναι ο Νίκος; 2 Πού είναι η Μαρία και το αμάξι της; 3 Ποιός είναι αυτός ο κύριος; 4 Πώς ονομάζεται αυτό το μέρος; 5 Ποιά είναι αυτή η γυναίκα με τα ξανθά μαλλιά; 6 Μήπως αυτός ο άντρας είναι ο Πρόεδρος της Ελλάδας; 7 Τί ώρα θα έρθεις απόψε; 8 Τί ώρα θα συναντηθούμε; 9 Τί θα θέλατε να πιείτε; 10 Τί θα θέλατε να φάτε; 11 Τί σου αρέσει πιό πολύ από τη Ρόδο; 12 Τί είδες στη Νάξο; 13 Πώς θα ταξιδέψεις στην Αθήνα; 14 Πού πρόκειται να μείνεις στην Ελλάδα; 15 Σε ποιό ξενοδοχείο θα μείνεις; 16 Ποιού είναι αυτό το αυτοκίνητο; 17 Μήπως αυτό το αμάξι

είναι δικό σας; 18 Ποιός θα ταξιδέψει μαζί μας στα βουνά;
19 Ποιός θα ψήσει το αρνί στη σούβλα; 20 Ποιός θα φάει το
αρνί και ποιός θα πιεί το κονιάκ;

LESSON 17

Exercise 48: 1 I would like a packet of cigarettes and a box of
matches for my father. 2 In the evenings I go to bed late. After
midnight. 3 Usually she goes to school by bus. But today she
went on foot. The day is beautiful. 4 The child has a piece of
bread in his hand. 5 She lives in Myconos with a friend of hers.
Where do you live? 6 I live in Elliniko just before the airport.
7 George is making great sacrifices for his sister. 8 Where do
you come from? We come from England.

Exercise 49: 1 Τον Ιούλιο κάνει πολλή ζέστη. 2 Πού μένεις;
Μένω σε ένα ξενοδοχείο κοντά στο σταθμό. 3 Τίς Κυριακές
πηγαίνουν στην ακρογιαλιά με το αυτοκίνητό τους. 4 Θέλω
αρνάκι ψητό, σαλάτα και ένα μπουκάλι μπύρα 5 Συνήθως πάει
στη δουλειά με ταξί αλλά σήμερα πήγε με τα πόδια. 6 Τα
γενέθλιά μου είναι τη Δευτέρα. Θέλω ένα ποδήλατο για τα
γενέθλιά μου.

LESSON 18

Exercise 50: 1 When all the relatives arrived they ate. 2 They
told us that they will go to the theatre. 3 He bought a new car
after having won money. 4 The grandmother and the grandfather
are watching television. 5 They set out at 10 in the morning but
they were late in arriving. 6 Mary said that she will go to college.
7 The book that you are holding is a novel. 8 He left because he
did not come on time. 9 They were eating when the telephone
rang. 10 John described to us what he saw in Greece. 11 He
wants to send a parcel. 12 He went to Athens but he forgot to
visit the Museum.

Exercise 51: 1 Αυτή πήγε εκεί που (όπου) συμφώνησαν να
συναντηθούν. 2 Κάπνιζε ενώ οδηγούσε. 3 Έφαγαν και μετά
έπαιξαν χαρτιά. 4 Περιμέναμε μέχρι που (ώσπου) ήρθε.
5 Μείναμε σπίτι σε περίπτωση που θα έρχονταν. 6 Έφαγαν το
φαγητό παρόλο που δεν τους άρεσε. 7 Τους είδαμε μόλις
βγήκαν από το αεροπλάνο. 8 Όταν φτάσεις, πληρώνεις το
ταξί. 9 Είπα ότι η Ελλάδα είναι μια από τις πιο όμορφες χώρες.

10 Περίμενα, αλλά η Σοφία δεν ήρθε. 11 Η Νίκη δεν ήρθε
γιατί έσπασε το αυτοκίνητό της. 12 Δεν ήξερα τί να κάνω.

Exercise 52: 1 The earthquake turned the city into ruins. 2 The
Second World War broke out in 1939. 3 The speaker referred to
the struggles of the nation. 4 After his bankruptcy, everybody
(all the people) avoided him. 5 The firemen made great efforts to
put out the fire. 6 We all knew that he exaggerated as usual.
7 The professor announced that the examinations will take place
in June. 8 The new medicine contributed to his quick recovery.
9 They offered us food and wine. 10 The government did not
approve of the rise of salaries.

LESSON 19

Exercise 53: 42 - σαράντα δύο. 87 - ογδόντα εφτα. 563 -
πεντακόσια εξήντα τρία. 741 - εφτακόσια σαράντα ένα. 999 -
εννιακόσια ενενήντα εννιά. 1.448 - χίλια τετρακόσια σαράντα
οχτώ. 2.111 - δύο χιλιάδες εκατόν έντεκα. 2.012 - δύο χιλιάδες
δώδεκα. 7.522 - εφτά χιλιάδες πεντακόσια είκοσι δύο. 9.302 -
εννιά χιλιάδες τρακόσια δύο. 18.748 - δεκαοχτώ χιλιάδες
εφτακόσια σαράντα οχτώ. 73.875 - εβδομήντα τρεις χιλιάδες
οχτακόσια εβδομήντα πέντε. 149.257 - εκατόν σαράντα εννιά
χιλιάδες διακόσια πενήντα εφτά. 568.102 - πεντακόσιες εξήντα
οχτώ χιλιάδες εκατόν δύο. 803.900 - οχτακόσιες τρεις χιλιάδες
εννιακόσια. 913.100 - εννιακόσιες δεκατρείς χιλιάδες εκατόν.

Exercise 54: 1 Which is Amerikis street? The third street on the
right. 2 - Conductor, where is the museum? - The sixth stop
from here. 3 My house is in the second street on the left. 4 He
has 450,000 drachmas in the bank. 5 There are 85,500 houses in
this city. 6 Adam was the first man on earth. 7 His fourth child
is a girl. 8 This is the last sentence of this exercise. 9 George is
the first pupil in his class. 10 I earn 25,000 drachmas per month.

Exercise 55: 1 On Sundays I go to the sea. 2 On Thursdays I eat
kebab. 3 In November I went to Crete. 4 In May we went to
Rhodes. 5 On Wednesday we will go to the village. 6 Tonight we
will eat at the restaurant. 7 Tomorrow we will see a film. 8 On
Saturday we will stay home. 9 On Sunday we will read a
magazine. 10 In September the children will go to school.

182

Exercise 56: 1 Πήγα στη θάλασσα. 2 Πήγες στη ταβέρνα.
3 Πήγε στο εστιατόριο. 4 Φάγαμε αρνάκι ψητό. 5 Τον Ιούλιο
θα πάμε στην Αίγινα. 6 Θα μείνουμε σε ξενοδοχείο. 7 Θα
αγοράσουμε ελληνικά δώρα. 8 Θα στείλουμε κάρτες.
9 Έφαγαν στο εστιατόριο. 10 Χόρεψαν όλη τη νύχτα.

LESSON 20

Exercise 57: A formal letter

London, 12th March 1983

Mr. Peter Nicolopoulos
24 Homer Street,
Athens.

Dear Mr. Nicolopoulos,
I received your letter dated 26th February 1983 for which I thank
you.
In connection with your college's visit to London, I would like to
inform you as follows: our hotel is prepared to offer a discount
for your 50 students if you reserve the appropriate rooms in good
time. It will cost you £10 for room and breakfast for each
person.
Our hotel is situated in the centre of London, and so you will be
able to visit all its sights.
Please write to us by the 25th April 1983 at the latest if you want
us to book the rooms for the last two weeks of August.
Yours sincerely,
John Smith
Manager

LESSON 21

Exercise 58: 1 What is the matter with Mary tonight? 2 Nikos is
talking a lot of nonsense. 3 It doesn't matter that you didn't
phone. 4 Grandmother's health is so-so. 5 Now that we talk
about it, the people like to hear Theodorakis's music. 6 I like the
Aegean islands. 7 The children are clever, above all (especially)
Yannoulla. 8 All right father, we will be waiting for you.
9 Michael made a mess of his exams. 10 Stop it, you are always
telling us the same story. 11 You must come without fail.
12 You are right about the house, it is expensive. 13 He was at a
loss when he saw his father after twenty years. 14 The sea of
Greece, for example, is the most beautiful in the Mediterranean.

15 In any case, we will be at home tonight. 16 You are right, Marios is lazy. 17 To the health of (cheers to) our guests! 18 Stop talking politics, and let us tell a few jokes. 19 Don't give me that, I knew the situation very well. 20 Who cares, we will manage!

Exercise 59: 1 Οι Γερμανίδες είναι καλές νοικοκυρές. 2 Μιλάτε Γερμανικά; Όχι, αλλά μιλώ Γαλλικά και Ιταλικά. 3 Τα περισσότερα αυτοκίνητα στην Ελλάδα είναι Γερμανικά και Ιταλικά. 4 Είναι Σουηδέζα; Όχι, είναι Δανέζα. 5 Άστον να δοκιμάσει. Δεν θα τα καταφέρει. 6 Πηγαίνει για ψώνια κάθε Δευτέρα πρωί. 7 Η γυναίκα του είναι Αμερικανίδα αλλά μιλά Ελληνικά πολύ καλά. 8 Πάμε παιδιά! Άρχισε να βρέχει.

LESSON 22

Exercise 60: 1 At the seaside we met three German girls. 2 He bought a German car. 3 Where do you come from? From England. I am English. 4 Do you speak Russian? No, I speak only English and Greek. 5 Let's go. There is nothing to see here. 6 Let Helen take it. We don't need it. 7 Every morning we went swimming. 8 My uncle has a wonderful English television set. 9 Let her try. She will not manage. 10 Shall we go fishing on Sunday?

LESSON 23

Exercise 61: 1 It was very clever of him to invest all his money in seaside building sites. 2 It's bad of them not to write to their parents. 3 I received your beautiful card. It was kind of you to remember me. 4 This is how you will be able to get rid of him. 5 This is where we can camp. 6 That's who we can ask to lend us the money. 7 If you insist on my telling you, this is how much it cost me. 8 Next Friday is a holiday. That's when we can dig and plant our garden. 9 Is that what you mean? Is this where the accident took place? Is this how it is done? 10 Its price is twice as high but its value is five times as great. 11 She married a man twice her age. 12 Our garden is ten times as big as yours. 13 This year I smoke three times as many cigarettes as last year. 14 France has seven times as great a population as Greece. 15 I work twice as hard as you.

184

Exercise 62: 1 If we find him he will show us all the sights. 2 If
we take the transistor radio with us we'll hear the description of
the match. 3 If I knew how to dance I would come with you.
4 If you didn't go to the cinema so often you would be a good
pupil. 5 We don't know what would have happened if the
Americans had not dropped the A-bomb on Hiroshima. 6 I wish
my wife could cook like you. 7 I wish to God I could win the
lottery. 8 I wish I had never met her in my life. 9 Shall I make
you a cup of coffee? 10 Shall Rita telephone the doctor?
11 Officer! May I leave my car here for half a minute? 12 Shall
we go to the hospital to see poor Nick? 13 Shall we go to
Sounion on Sunday? It will be nice.

LESSON 24

Exercise 63: 1 The Prime Minister of that country works
tirelessly night and day. 2 That unexpected invitation to go to
Spetses filled us with joy. 3 It was so cold that none of us dared
show his nose (face) out of the house. 4 The winter has laid bare
all the trees of the garden. 5 That modern music that you have
been playing on the record player has deafened us. 6 The boat
got untied and drifted out to sea. 7 Don't believe him. He is an
arch-liar. 8 It is good. But write it again clearly. 9 I received her
letter but I sent it back without opening it. 10 We haven't seen
you in our neighbourhood before. Where do you live? 11 She
was wearing a very red dress with long sleeves. 12 Our
fishmonger today had very fresh fish. 13 I can't buy it. It's very
expensive. 14 But he is as mad as a hatter. Why are you going
about with him?

Exercise 64: 1 αγριόγατος 2 λυκόσκυλο 3 γεροππαπούς
4 νυχτοπούλι 5 ασπροκίτρινος 6 κοντόχοντρος 7 γλυκόξινος
8 νοτιοδυτικός 9 ανοιγοκλείνω 10 μπανοβγαίνω 11 τρεμοσβύνω
12 πηγαινοέρχομαι

LESSON 25

Exercise 65: 1 How can I go from here to the town hall?
2 Whose is that beautiful house? 3 How much wine did he drink
yesterday that he can't wake today? 4 How many passengers
were there in the aeroplane? 5 How old is your little daughter?
6 How high is Mt Olympus? Not more than 3.000 metres high.
7 How long did you take to learn Greek? 8 How long will the

mechanic take to repair it? 9 How far from your house is the sea? 10 I wonder if they will come with us or if they will stay at the hotel? 11 Has the mechanic finished yet? 12 So you will leave for Greece in July? 13 How often do you go to the seaside?

Exercise 66: 1 Πόσον καιρό θα μείνεις στη Γαλλία; 2 Πόσην ώρα θα κάνει το λεωφορείο να φτάσει στη Βάρκιζα; 3 Κάθε πότε αλλάζεις το λάδι στο αυτοκίνητό σου; 4 ΄Αραγε θα είναι ο καιρός καλός αύριο; 5 ΄Ωστε νίκησαν στο ποδόσφαιρο τους Βραζιλιάνους; 6 Πόσο μακρυά είναι η Κρήτη; 7 Πόσων ετών καί πόσο ψηλό είναι το αγόρι; 8 ΄Αραγε ποιός έκλεψε το αμάξι τους; 9 ΄Ωστε χρειάζεσαι μερικά λεφτά;

LESSON 26

Exercise 67: (*for example*) 1 Ο Γιώργος ένοιωσε μεγάλη απογοήτευση όταν η αγαπημένη του παντρεύτηκε με κάποιον άλλο. 2 Η Ελλάδα είναι μια φτωχή ορεινή χώρα αλλά έχει μια μεγάλη και ένδοξη ιστορία. 3 Το μεγαλύτερο βουνό της Ελλάδας είναι ο ΄Ολυμπος όπου κατοικούσαν οι αρχαίοι Θεοί. 4 Το Λονδίνο είναι η πρωτεύουσα της Αγγλίας και μια από τις πιο ενδιαφέρουσες πόλεις του κόσμου. 5 Η Μεσόγειος θάλασσα είναι γοητευτική.

Exercise 68: (*for example*) 1 το μήλο, το αχλάδι, το καρπούζι. 2 το τραντάφυλλο, το γαρύφαλλο. 3 Αντιγόνη, Γιώργος, Ελένη. 4 το Λονδίνο, η Αθήνα, η Θεσσαλονίκη. 5 το πρόβατο, ο σκύλος, η γάτα.

Exercise 69: 1 κακός, 2 δυστυχισμένος, 3 λυπημένος, 4 πλούσιος, 5 βλάκας.